Johann Joseph Most

Freie Gesellschaft

Eine Abhandlung über Principien und Taktik der kommunistischen

Anarchisten, nebst einem polemischen Anhang

Johann Joseph Most

Freie Gesellschaft
Eine Abhandlung über Principien und Taktik der kommunistischen Anarchisten, nebst einem polemischen Anhang

ISBN/EAN: 9783743698062

Hergestellt in Europa, USA, Kanada, Australien, Japan

Cover: Foto ©Suzi / pixelio.de

Weitere Bücher finden Sie auf **www.hansebooks.com**

Die

Freie Gesellschaft.

Eine Abhandlung über Principien und Taktik der kommunistischen Anarchisten.

Nebst einem polemischen Anhang

von

JOHANN MOST,

60 Erste Strasse, New York.

Im Selbstverlage des Verfassers.

Druck von SAMISCH & GOLDMANN, 190 William Str., N. Y.

1884.

Wenn vor wenigen Jahren noch ein Durchschnittsspiesser von Sozialismus reden hörte, so dachte er an nichts Anderes, als an eine beabsichtigte allgemeine Theilerei. Weniger vernagelte Leute waren zwar nicht geneigt, sich ebenso zu blamiren, gleichwohl waren ihre Vorstellungen vom Sozialismus selten korrekt. Sie hatten dabei in der Regel die Schwafeleien eines St. Simon, eines Fourier, eines Capet und ähnlicher Phantasie-Philosophen im Auge und konnten mithin den wahren Kern des modernen Sozialismus nimmermehr verstehen. Eine dritte Sorte gab es, welche zwar wusste, wie die Dinge lagen, die aber dennoch auf die Argumente der Ganz- und Halbphilister eingingen und wider besseres Wissen den Sozialismus karrikiren und dessen Träger der Lächerlichkeit preisgeben wollten. Das waren die Auguren von Presse, Kanzel und Katheder — das waren die Lohnschreiber der herrschenden Klassen, die literarischen Prostituirten der heutigen Unordnung — ein ganz verächtliches Pack.

Heute, wo sich in der Arbeiterbewegung eine beträchtliche Entwickelung in prinzipieller, wie in taktischer Beziehung vollzogen hat, und wo die fortgeschrittensten Geister des kämpfenden Proletariats begriffen haben, dass das Wort Sozialismus ein viel zu weitsinniges und unbestimmtes sei, um ihre Bestrebungen zu decken, weshalb sie den *Anarchismus* auf ihre Fahne geschrieben haben, begegnet man der nämlichen babylonischen Begriffsverwirrung hinsichtlich *dieses* Wortes, wie sie seiner Zeit bez. der Bezeichnung „Sozialismus" obgewaltet hat.

Die ganz Blöden, nämlich Diejenigen, welche ein zu kleines Hirn haben, um dieses Fremdwort sich in's Deutsche übersetzen zu lassen, können es nimmermehr in ihren Schädel hinein bringen, dass „Anarchismus" Nichtherrschaft oder Herrschaftslosigkeit bedeutet. Würden sie erst diesen richtigen Sinn des Wortes verstehen, so müssten sie ganz von selbst begreifen, dass jeder wirklich freiheitlich gesinnte Mensch Anarchist sein *muss*, wenn er sich keine Halbheiten zu Schulden kommen lassen will.

Denn nur verstockte Bosheit oder unheilbare Dummheit wird behaupten wollen, dass ein Zustand, wo irgend welche Menschen über andere herrschen (d. h. eine „Archie" ausüben), ein freiheitliches oder gar gleichheitliches Verhältniss darstelle. Wo *ge*herrscht wird, müssen Menschen existiren, die *be*herrscht werden. Beherrschte aber sind nichts Anderes, als Knechte; da der Gegensatz von Herrschaft Knechtschaft ist. Wer also irgend eine Herrschaft (Archie) will, der will auch die Knechtschaft, weil Herrschaft ohne Knechtschaft keinen Sinn hätte. Wer aber die Freiheit will, der erstrebt die *Nicht*herrschaft, also die *An*archie.

Hieraus ergiebt sich, dass in Wirklichkeit nur zweierlei Menschen mit Bewusstsein Feinde des Anarchismus sein können: *Herrschsüchtige* und *Knechtsseelen*.

Entschuldigung können nur Diejenigen anbringen, von denen wir oben sagten, dass sie zu dumm sind, das Wort Anarchie richtig zu deuten. Unsere vorstehende Explikation dürfte aber wahrlich durchsichtig genug sein, um selbst von einem Zulukaffern verstanden zu werden.

Uebrigens sind die Feinde des Anarchismus aus Missverständniss nicht die schlimmsten, es sind dies vielmehr die Widersacher des Systems aus *unlauteren* Motiven: Herrschsucht und Egoismus.

So schmutzig deren Grund ist, den Anarchismus zu begeifern, so verächtlich sind die Waffen, welche sie in dem Kampfe gegen denselben in Anwendung bringen.

Es fällt diesen Leuten nie ein, den Lesern ihrer Bücher und Blätter oder den Hörern ihrer Vorträge zunächst den Anarchismus in seiner wirklichen Wesenheit zu zeigen und dann eine sachliche Kritik daran zu üben, wie es doch ein ehrliches Verfahren bedingen würde; vielmehr konstruiren sie eine halb scheusslich, halb lächerlich aussehende Vogelscheuche ganz nach Belieben, nennen dann diesen ihren Popanz Anarchismus und fallen schliesslich mit Pritsche und Schmutzschleuder über dieses ihr eigenes Produkt her. Ihr Publikum ist gefoppt — und das ist für sie der Humor davon.

Wie die Gegner des Sozialismus denselben häufig mit Fourierismus oder dergl. identifizirten, so muss heute den Anarchistenfressern vielfach der Proudhonismus herhalten, um denselben als Anarchismus schlechthin auszubieten. Bemerkt muss dabei noch werden, dass diese Eskamotage hauptsächlich auf deutschem Sprachgebiete vorkommt, weil dort Proudhon's System so gut wie gar nicht bekannt ist, und weil mithin der Betrug nicht leicht bemerkt werden kann.

Kein Zweifel: Proudhon *nannte* sich Anarchist — gerade wie sich Fourier und St. Simon als Sozialisten fühlten. Allein so wenig die Letzteren etwas mit dem modernen Sozialismus zu thun haben, so wenig ist der altgebackene Proudhonismus identisch mit dem wissenschaftlichen Anarchismus.

Geleugnet kann allerdings nicht werden, dass die wenigen Anhänger, welche Proudhon heutzutage noch hat (vielleicht im Ganzen keine 200 Personen), mit ihren Deklamationen und Luftschlossbauereien den Anarchistenfressern viel Wasser auf die sonst gar sehr ausgeleierten Klappermühlen gegossen haben.

Aus diesem Grunde halten wir es auch für zeitgemäss: ein- für allemal zu erklären, dass wir keine Proudhonisten sind, sondern Anarchisten, welche auf der Höhe ihrer Zeit stehen.

Wir haben nichts zu thun mit Kleinbürgereien, wie sie vor 40 Jahren einem Proudhon noch vorschweben konnten. Ebenso wenig glauben wir an die Wunderkraft einer Proudhon'schen Volksbank, welche vom Zufall geboren und von der Gutmüthigkeit verwaltet wird. Nein, unser System ist aufgebaut auf der breiten Basis der *Gütergemeinschaft*, resp. des *Kommunismus*.

Dagegen unterscheiden wir uns von den Kommunisten alter Schule dadurch, dass wir die Einnistung jeglicher Regiererei, Staatlerei, Ueber- und Unterordnung, kurz, jedweder *Herrschaft* mit dazu gehöriger Knechtschaft in der neuen, d. h. *freien* Gesellschaft vermieden wissen wollen.

Wir stimmen in allen diesen Beziehungen überein mit den Anarchisten von Frankreich, Spanien u.s.w.; denn diese nennen sich bei jeder Gelegenheit, wo es darauf ankommt, Missverständnisse zu vermeiden, *kollektivistische* oder *kommunistische* Anarchisten oder anarchistische Kommunisten.

Das höchste Glück, welches der Mensch erreichen wird, ist ein Zustand, wo Jeder mit möglichst geringfügiger Anstrengung die denkbar vollkommenste Befriedigung aller seiner Bedürfnisse bewerkstelligen kann. Je mehr man sich diesem Verhältniss annähert, desto entschiedener wird man seine individuelle Freiheit gewahrt finden. Denn je kürzer jener Zeitabschnitt ist, innerhalb welchem der Mensch die Mittel zu seinen höchsten Lebenszwecken *erzeugt*, ein desto längerer Zeitabschnitt ist ihm zum Genuss belassen. Wenn es vielleicht nie möglich sein wird, die Theilnahme an der Produktion der Güter jeder Unannehmlichkeit zu entkleiden, so liegt es auf der Hand, dass umgekehrt, der Güterverbrauch — vorausgesetzt, dass derselbe ein unbeschränkter ist — den individuellen Neigungen den weitesten Spielraum lässt und die Höhe des Genusses wesentlich mit dem persönlichen Willen und Bedürfniss in Einklang zu bringen erlaubt. Es wird also ein System zu finden sein, bei welchem die Menschen mehr und mehr die Erzeugung ihrer Verbrauchsgegenstände sich erleichtern. Dieses System ist die Waarenerzeugung durch organisirte Arbeitskräfte und mit gemeinsamen Arbeitsmitteln — mit anderen Worten: die *kommunistische Produktionsweise.*

In technischer Beziehung ist über die Wahrheit dieser Voraussetzung längst kein Zweifel mehr möglich; denn die gegenwärtige Entwickelung der Produktionsverhältnisse lehrt mit jedem Tage einleuchtender, dass im gleichen Grade, wie sich der Produktionsprozess organisatorisch vervollkommnet, *mehr* Waaren durch *weniger* Arbeitskräfte in gleicher Zeit verfertigt werden können. Und nur weil die Arbeitszeit beim Fortgang dieser Entwickelung keine stufenweise Verkürzung erfährt, und weil den arbeitenden Volksmassen unter dem Regimente des Privatkapitalismus durch parasitenartige Nichtarbeiter das Recht auf die Konsumtion bis zu dem Minimum der blossen Existenzmöglichkeit beschränkt wird, steigt mit der Leistungsfähigkeit der produktiven Menschen deren Müheseligkeit und Lebensunsicherheit. Die Völker hungern aus Ueberfluss an Nahrung, frieren aus allzu grossem Reichthum an Heizungsmaterialien, gehen verlumpt wegen einer zu riesigen Menge fertiger Kleider umher, und haben kein Obdach, weil es zu viele schöne Wohnungen giebt! — —

Dieses absurde Verhältniss beweist, dass der schwierige Punkt nicht mehr auf dem Gebiete der Produktion, sondern auf dem der Konsumtion liegt. Es ist keine Rede mehr davon, dass die Bedürfnissgegenstände der Menschen nicht in genügender Menge oder Geschwindigkeit verfertigt werden könnten. Es handelt sich blos darum, diese nahezu unerschöpfliche Leistungsfähigkeit auf produktivem Gebiete in Einklang zu bringen mit den menschlichen Bedürfnissen, indem alle jene Dinge hinweg geräumt werden, welche der Befriedigung derselben die denkbar engsten Schranken auferlegen.

Diese Einengung der Konsumtion, an welcher die Produktion desto mehr zu Schanden werden muss, je glänzender die letztere sich entwickelt, beruht aber lediglich auf dem angemassten Rechte der bislang herrschenden Klassen, über die Resultate der Thätigkeit Anderer (der beherrschten und arbeitenden Klassen) nach Belieben zu verfügen, resp. nur einen kleinen Theil der in einer bestimmten Zeit erzeugten Produkte den Produzenten zum Gebrauche anzuweisen und den ungeheueren Rest aufzustapeln und zu Spekulationen und Börsenspielereien zu verwenden.

Hier muss also der Hebel angesetzt werden! — Es ist nicht nöthig, in *organisatorischer* Beziehung auf dem Gebiete der Produktion einen Stillstand zu proklamiren oder gar auf frühere Formen der produktiven Organisationen zurückzugreifen; vielmehr darf und muss an den bestmöglichen *Ausbau* bereits vorhandener Organisationen der Industrie, Landwirthschaft, des Verkehrswesens u. s. w. gedacht werden. Je riesiger dieselben sich gestalten, desto leistungsfähiger sind sie nach unwiderlegbarer Erfahrung. Das ist eine *mathematische* Wahrheit, und es kann der zukünftigen Menschheit nicht einfallen wollen, sich der Vortheile, welche sich ganz von selbst daraus ergeben, zu entschlagen.

Um was es sich handelt, das ist einzig und allein die gleichmässige *Nutzbarmachung* der Ergebnisse, welche die Waarenproduktion durch die denkbar grossartigst organisirte Arbeit darbietet, *für alle Menschen.* —

Das kann geschehen, indem die Arbeitsbienen die Drohnen beseitigen!

Und ein neues, freies Arbeits- und Genuss-System kann sehr wohl etablirt werden, ohne dass sich die produktive Organisationskraft zu zersplittern und aufzulösen braucht, aber auch ohne dass *über* allen diesen tausendfältigen organischen Produktionsgebilden sich ein neues Herrschaftsgebäude (eine Archie) erhebt. Der Anarchismus (die Nichtherrschaft) ist nicht — wie böswillige Leute behaupten — ein Feind harmonischer, zweckmässiger Organisation, sondern ein Feind der tyrannisch (herrisch—herrschaftlich) gegliederten Verwaltung.

Einem althergebrachten politischen Aberglauben gemäss, blickten Diejenigen, welche an die Lösung der sozialen Frage dachten, überall zunächst zum *Staat*, wie zu einer Art göttlicher Allmacht empor und redeten sich ein, dass diese unbegriffene Gewalt der geeignete Faktor sei, alles Gute in die Welt zu setzen, wenn sie nur in der geeigneten Weise dazu veranlasst würde. An die Stelle der „himmlischen Mächte", welche der bedrängte Mensch in früheren Zeiten *noch* grösseren Unverstandes um Glück und Segen anflehte, war gewissermassen ein politischer Herrgott getreten.

Diese Anbeterei des Staates war ebenso naiv, wie die Gottesverehrung. Wie sich die Gläubigen von ehedem einen aussernatürlichen Regulator der Dinge vorstellten, so träumten die Neugläubigen von einer ausser- und übergesellschaftlichen Staatsmacht. Sie begriffen also nicht, dass der Staat nichts Anderes ist, als ein

Gewaltsorganismus, welcher von Denen geschaffen und gehandhabt wird, deren materielle Stellung in der Gesellschaft es erlaubt, die Uebrigen auszubeuten und zu unterdrücken. Was sie gegen die herrschenden Klassen glauben in das Spiel bringen zu können, ist nichts Anderes, als die organisirte Tyrannei derselben. Es wäre nicht minder naiv gewesen, wenn sie in der Einbildung gelebt hätten, die Emanzipation des Proletariats müsse durch die Bourgeoisie besorgt werden; denn es würde das auf's Nämliche hinauslaufen.

Im öffentlichen Leben haben eben die Menschen das Affenartige bisher ebenso wenig ganz abstreifen können, wie in ihrem privaten Handeln. Weil den Arbeitern die Geschichte lehrt, dass jedesmal, wenn eine Volksklasse sich frei machte, dieselbe vor Allem die Staatsgewalt in ihre Hände zu bekommen trachtete, so wurde daraus der falsche Schluss gezogen: dass das Proletariat auch zunächst „an's Ruder" kommen müsse, bevor etwas Weiteres geschehen könne.

Es wurde dabei übersehen, dass es bei den bisherigen Gesellschaftsumwälzungungen sich nur darum handelte, an die Stelle *einer* herrschenden Klasse eine *andere* zu setzen, nicht aber die Freiheit des ganzen Volkes zu errichten. Wenn z. B. bei dem jüngsten dieser Umgestaltungsprozesse die Bourgeoisie die Staatsgewalt eroberte und dieselbe fester als je organisirte, so begreift sich das sehr wohl. Sie hatte mittelst dieser Macht einerseits die Aristokratie alten Schlages so empfindlich wie möglich zu treffen, resp. lahm zu legen, und andererseits sich dahinter vor dem arbeitenden Volke, das sie auszubeuten beabsichtigte, zu verschanzen.

Ganz anders steht es hinsichtlich des Strebens der arbeitenden Volksmassen von heute. So weit dasselbe konsequenter Natur ist — und unklare oder halbheitliche Seitenströmungen können hier überhaupt nicht in Betracht kommen — lauft es doch wahrhaftig nicht darauf hinaus, eine neue Klassenherrschaft zu etabliren; vielmehr wird zum ersten Male die *Abschaffung* aller Klassenvorrechte und mithin der Klassen selbst angestrebt.

Gegen wen also sollte sich ein neues Gewaltsinstrument — ein Staat — kehren? Wessen Privilegien sollte er schützen? Wer sollte durch ihn unterjocht und im Zaume gehalten werden?

Vielen sozialistischen Schriftstellern scheinen diese Fragen sich schon längst aufgedrängt zu haben, so oft sie an den Zusammenbruch des Bestehenden und an die Neugestaltung des ganzen sozialen Lebens dachten. Aber gewöhnlich schlichen sie gar sachte daran vorbei, gerade als ob eine präzise Antwort, die natürlich in der *Verneinung* des Staates hätte gipfeln müssen, ihr schlechteres Ich zu erschrecken geeignet gewesen wäre.

So sagten sie denn: es werde das Proletariat zur *Herrschaft* gelangen; aber in dem nämlichen Augenblick, wo das der Fall sei, *höre diese Herrschaft wieder auf*, weil der Gegenstand der Beherrschung fehle!! — Solche und ähnliche Flunkereien sollten darüber hinweg helfen, eine kühne Wahrheit aussprechen zu müssen.

Wäre man anders zu Werke gegangen, hätte

Selbst solche Dinge, welche nur geschehen können nach vorhergegangener Uebereinkunft, bedingen keine solchen Institutionen, wie Verfassungen, Gesetze oder Parlamente. Niemals werden wirklich freie Völker ein Bedürfniss empfinden können, ihre freie Entwickelung durch gesetzliche Zwangsjacken und Fanggruben hemmen zu wollen. Die Entscheidung von Fall zu Fall, und zwar unter allseitiger persönlicher Betheiligung Derer, welche im öffentlichen Interesse etwas in's Werk setzen wollen, wird sich unter freien Menschen ganz von selbst verstehen. Man wird sich seiner Vorfahren, die derart versklavt waren, dass sie glaubten, es werde die Menschheit nie ohne Vormünder, Repräsentanten und Autoritäten, beengende Satzungen und Leitseile existiren können, — geradezu *schämen.*

Andere Einrichtungen, welche mit der Staatlerei auf's Engste verwachsen sind, wie: Militarismus, Pfaffenthum u. dergl., brauchen wir wohl nicht erst als unentbehrlich zu kennzeichnen. Der Massenmord und dessen Träger aller Art — die Gurgelabschneider und die Hirnerweicher — stehen und fallen mit der jetzigen Periode sozialer Ordnungslosigkeit und Tyrannei.

Die künftige Gesellschaft kennt nur noch ökonomische, erziehliche, wissenschaftliche — kurz, solche Institutionen, welche sich dazu eignen, den Menschen — Allen, wie Jedem — die Daseinsschwierigkeiten so viel wie möglich zu verringern und den Lebensgenuss zu erhöhen. Hundert- und tausendfältig in einander geschlungen — wie es die Zweckmässigkeitsgründe gestalten werden — mögen diese mannigfaltigen organischen Gebilde ein harmonisch in einandergreifendes Räderwerk darstellen, aber vergeblich wird man treibende Zentralkräfte und geschobene Nullheiten suchen; es wird vielmehr ein *gleiches* Verhältniss existiren, wie im Weltall, wo in dem kleinsten Partikelchen der Materie die nämlichen Prinzipien der Kräfte vorwalten, welche den Gesammtmechanismus des Universums bewegen. Das — und nichts Anderes — wird der vielgefürchtete, verlästerte *Anarchismus* sein.

Merkwürdig! Es giebt Leute, denen unsere vorstehend gemachten Auseinandersetzungen vielleicht vollkommen einleuchten, und die dennoch nach einem Ausweg suchen, ihre früheren vorgefassten Meinungen gegenüber einer Idee, welche — verglichen mit ihren bisherigen Anschauungen — klarer und konsequenter ist, zu rechtfertigen. Da verfallen sie denn gewöhnlich auf die „Uebergangsperiode"-Politik. Natürlich, sagen sie, braucht man in der vollendeten freien Gesellschaft keinen Staat mehr, wohl aber in der „Uebergangsperiode". (Von dieser letzteren, welche sich vor den Augen der Kleinmüthigen und Halben in ungeheuerlicher Weite dehnt, wie beim Auszug aus Aegypten das Rothe Meer vor dem „gelobten Lande", werden wir noch des Weiteren zu reden haben.)

Hier nur so viel: Wenn je eine sogenannte „Uebergangsperiode" durchzukosten wäre, dann wird wahrlich während derselben erst recht nicht von irgend einem sozialistischen, „sozialdemokratischen" oder „Volks-Staat" die Rede sein. Denn so bald die arbeitende Klasse so unzweifelhaft im Kampfe gesiegt hat, dass sie in der Lage ist, eine proletarische Staatsgewalt zu errichten, *hat sie eine solche nicht mehr nöthig.* Denn es hindert sie Niemand daran, **viel kürzeren Prozess** mit den Ueberbleibseln des Feindes zu machen. Ist aber der Sieg nicht da oder steht es in Bezug auf Erfolg oder Nichterfolg im Kampfe zweifelhaft, so ist ganz sicher anzunehmen, dass das Proletariat von vornherein keinen Zugang zur Staatsgewalt hat oder schleunigst um dieselbe beschwindelt wird.

Dieses Ausmerzenwollen einer Staatsbestialität durch die andere erinnert zudem an's Austreiben des Teufels durch Beelzebub. Auch wäre Hundert gegen Eins zu wetten, dass der neue Staat, wenn einmal errichtet, bald genug eine so verzopfte Autoritäts-Maschinerie wäre, dass man alle Hände voll zu thun hätte, das selbst grossgezogene Ungeheuer durch eine neue Revolution zu zerschmettern. Das, scheint uns, kann der Menschheit erspart werden.

Hört ein Staatsfanatiker, dass Unsereiner einen Gesellschaftszustand erstrebt, in welchem der Staat zu den überwundenen Sachen gehört, so heult er zähneklappernd — als habe ihm Jemand das Ende aller Dinge in Aussicht gestellt —: Huh! die menschliche Gesellschaft soll sich in Atome auflösen! Haarsträubend! zetern die Gläubigen der Staatsapostel.

Es sieht das gerade so aus, als ob mit der Abschaffung des Staates die Menschen in alle Winde zerstieben müssten, oder als ob durch das Aufhören der Staatlerei alle naturgemässen und kulturhistorisch gewordenen Organisationen, welche in einer entwickelten Technik, einem netzartig ausgebreiteten Verkehrswesen und dem kommunalen Zusammenwohnen gegeben sind, hinfällig würden.

Man braucht aber wenig Scharfsinn dazu, um auszufinden, dass diese Einrichtungen nicht an das Sein oder Nichtsein eines *Staates* gebunden sind, sondern lediglich in ihrem Fortbestande und ihrer Weiterentwickelung von den praktischen Anforderungen, welche die Menschen an sie stellen, abhängen. Je mehr sie denselben entsprechen, desto entschiedener werden sie festgehalten, resp. fortgebildet werden. Denn man muss sich nicht einbilden, dass die Menschen in dem Augenblicke, wo sie sich vom staatlichen Zuchtmeister emanzipiren und für mündig erklären, den Verstand verlieren und lauter dumme Streiche gegen ihr eigenes Wohlergehen in Szene setzen.

Nun gut — heute schon steht fest, dass die Industrie und Landwirthschaft desto leistungsfähiger sind, je grossartiger sie betrieben werden; mithin liegt es auf der Hand, dass sich die Arbeitskräfte der einzelnen Produktionszweige in der künftigen Gesellschaft möglichst einheitlich organisiren werden.

Möglichst *einheitlich* — das ist nicht gleichbedeutend mit „stramm zentralistisch". Mögen sämmtliche Schneider des ganzen Gebietes der freien Gesellschaft in einem Organismus (Verband) sich befinden, so schliesst das nicht aus, dass das *föderalistische* Prinzip innerhalb dieser Berufsorganisation den weitesten Spielraum hat.

Bei unserer Voraussetzung, nach welcher solche Organisationen nicht von oben herab oder von einem Zentrum sozusagen *erpresst* werden können, sondern auf Grund der augenscheinlichen Zweckmässigkeit sich von allen Seiten gleichmässig und frei gestalten müssen, ist das föderalistische Prinzip vielmehr förmlich als *selbstverständlich* gegeben. Grosse, wie kleine Abtheilungen (Gruppen) einer solchen Organisation eines Produktionszweiges, je nachdem sie unmittelbar gleichsam unter einem Dache sich befinden, können natürlich ihre inneren Verhältnisse ganz nach ihrer speziellen Neigung regeln; es ist da durchaus keine Schablone nöthig. Da arbeitet man vielleicht nur Vormittags, dort nur Nachmittags; in einer dritten Abtheilung zieht man es vor, jeden zweiten Tag Vor- *und* Nachmittags zu arbeiten, dafür aber jedem Arbeitstage einen Ruhetag folgen zu lassen. In der einen Gruppe führt man gleichmässige Arbeitszeit und gleichmässigen Antheil am Ertrag der Thätigkeit der ganzen Gruppe ein; andere Gruppen überlassen es ihren einzelnen Mitgliedern, bald mehr, bald weniger thätig zu sein und dem entsprechend beim Vertheilen des Ertrags gehalten zu werden. In manchen Gruppen wollen vielleicht Alle, die dazu gehören, mehr leisten, als in anderen Gruppen üblich ist, und dafür auch desto reichlicher geniessen, während auch der umgekehrte Fall denkbar ist: Verzicht auf einen Theil der durchschnittlich erreichbaren materiellen Genüsse und dafür desto kürzere Arbeitszeit, resp. desto mehr Gelegenheit zur Ergehung im geistigen Genusse. Unter solchen Verhältnissen ist die Möglichkeit gegeben, dass sich die Neigungen der Einzelnen in ihren verschiedensten Spielarten Berücksichtigung verschaffen, ohne dass der allgemeine Zweck dadurch beeinträchtigt würde. Jeder sucht sich eine solche Gruppirung von Individuen aus, welche in ihren Neigungen den seinigen am nächsten stehen. Aendert sich seine Neigung, so mag er entsprechend seine örtliche Stellung mit einem Andern vertauschen. Das ist eben das Grossartige und Naturgemässe beim föderalistischen System: dass es der individuellen Freiheit den weitesten Spielraum gewährt, aber gleichzeitig auch ein ordnendes Band um alle Elemente schlingt, welche im Grossen und Ganzen den gleichen Zwecken dienen.

Eine zentralistische Organisation hingegen ist stets verknüpft mit einem starren Kasernenwesen. Das menschliche Individuum giebt sich nicht mehr freiwillig hin, nein, es geht in dem Organismus völlig unter. Konsequent durchgeführter Zentralismus ist Diktatur einer persönlichen Spitze über die Masse — *Monarchismus* — **Tyrannei!** — Konsequent durchgeführter Föderalismus ist wirkliche, d. h. gleichheitliche Freiheit Aller, wie der Einzelnen — ist *Herrschaftslosigkeit* — **Anarchismus!**

Zentralismus ist in letzter Instanz Verknöcherung, *Kastenthum*, **Chineserie.** Föderalismus ist Ideenwettkampf, elastischer Entwickelungsschwung, rastloser Kulturfortschritt. *Anarchismus ist die Harmonie der Menschheit!*

Was wir über den Karakter der ökonomischen Organisationen einer freien (anarchistischen) Gesellschaft gesagt haben, lässt bereits die Aufstellung folgender Grundsätze zu:

1) **Es giebt ebenso viele selbstständige Organisa-**

tionen innerhalb des Gebietes einer frei gewordenen Welt, als Arten produktiver Thätigkeit existiren oder entstehen.

2) Deren Selbstständigkeit schliesst die Unter- und Ueberordnung derselben, wie sie in einer kommunistischen Staatspyramide gegeben wäre, aus.

3) Die Gesellschaft wird durch den Anarchismus weder in Atome aufgelöst, noch in eine einzige (zentralistische) Produktivorganisation gezwängt, vielmehr ziehen sich Tausende von zweckmässig gegliederten Organisationen netzartig verschlungen durch den Gesellschaftskörper hin.

4) Die innere Ordnung einer jeden einzelnen Thätigkeitsorganisation wird strikt föderalistisch sein, weil das durch die Nothwendigkeit einer gleichmässigen Wahrung der individuellen Freiheit und der allgemeinen Zweckmässigkeit als unumgänglich, ja selbstverständlich erscheint.

Da nun aber diese Organisationen nicht blos Menschen repräsentiren, sondern auch Sachen — Grund und Boden, Fabriken, Werkzeuge, Rohstoffe und fertige Waaren — so frägt es sich: *wem* gehören diese Dinge?

Was die fertigen Waaren anbetrifft, so gehören sie natürlich zunächst derjenigen Organisation, aus deren Thätigkeit sie hervorgegangen sind. Was dagegen die *Produktionsmittel* betrifft, so sind sie ebenso natürlich Eigenthum der ganzen Gesellschaft, bleiben jedoch den einzelnen Produktiv-Organisationen, deren Zwecken sie dienen sollen, so lange frei überlassen, als diese nicht den Versuch machen, mittelst derselben andere Organisationen oder die Gesellschaft als solche zu schädigen—etwa indem sie sich monopolistisch gebärden und die ausser ihnen stehenden Organisationen oder das Volk überhaupt zu brandschatzen suchen.

Wo aber bleibt dann die geeignete Macht, solchen Frevel angemessen zu ahnden, nachdem doch jegliche Staatsgewalt beseitigt worden?

Diese Macht liegt einfach in den Händen der Konsumenten, welchen es in ihrer Gesammtheit gar nicht einfallen kann, sich von einer verhältnissmässig kleinen Rotte über das Ohr hauen zu lassen.

Aber betrügen denn nicht heutzutage auch wenige Monopolisten die ganze breite Masse des konsumirenden Publikums, ohne dass dasselbe dagegen etwas thun kann?

Gewiss ist das heute der Fall; aber gerade *weil* es eine Staatsgewalt giebt, welche die Monopolisten und ähnliche Gauner in ihren räuberischen Vorrechten *schützt* und jede zweckdienliche und rasch wirkende Massregel, die das Volk dagegen in's Werk setzen könnte, zu einem Verbrechen stempelt. Manipulationen, die auf die Uebervortheilung und Brandschatzung hinauslaufen, können nur dann von irgend welchen Bruchtheilen der Gesammtheit gegen diese in Anwendung gebracht werden, wenn die betr. Betrüger eine herrschende Klasse bilden und so im Stande sind, die Resultate ihres Raubes durch staatliche Gewalt vor jedem Angriff seitens der Beraubten zu schützen.

In einer freien (staatslosen) Gesellschaft scheitern solche Raubversuche schon beim ersten Auftauchen einer diesbezüglichen böswilligen *Absicht* an dem allgemeinen *Unwillen*, welcher nöthigenfalls sich zu einem thatkräftigen *Handeln* zu steigern vermöchte.

Zu solchen Einwürfen gelangt man überhaupt

nur, wenn man die Eigenschaften, welche die naturnothwendigen Folgen der *heutigen* Gesellschaft sind, den Menschen der *künftigen* (freien) Gesellschaft willkürlich andichtet und dabei vergisst, dass die Karaktereigenthümlichkeiten der heutigen Menschen mit dem jetzigen Systeme stehen und fallen müssen. Wenn man sich aus der Sphäre der bestehenden Unordnung erhebt, um — gleichsam aus der Vogelperspektive — einen Blick auf die künftige Gesellschaft zu werfen, passirt es Manchem sehr leicht, dass er den Versuch macht, die neuartigen Dinge mit einem altmodischen Massstabe messen zu wollen. Statt sich auf die Basis jener Prinzipien zu stellen, auf der die künftige Gesellschaft zweifellos errichtet sein wird, zappelt man, aller hochfliegenden Philosophie ungeachtet, mit beiden Beinen nach dem Erdboden der Gegenwart. Statt mit dem klaren Teleskop der Unbefangenheit in die Gestaltungen der Zukunft einzudringen, glotzt man durch die trüben Gläser einer Gegenwartsbrille — als wäre sie an die Nase gewachsen — in die Ferne. Man kommt da in die famose Klemme jener Naturphilosophen der alten Zeit, welche die Sonne um die Erde tanzen liessen, weil sie nicht im Stande waren, beim Beobachten der ersteren, von jener Bewegung, welche sie selber sammt unserem Planeten, auf dem sie standen, machten, und die ihre Sinne täuschte, sich zu emanzipiren.

Wenn einmal die Gesellschaft Grund u. Boden und alle zur Produktion von Waaren nöthigen Dinge prinzipiell als gemeinsames Eigenthum betrachtet, so ist der Fall auch ausgeschlossen, dass sich die Gesammtheit von einzelnen ihrer Theile betrügen lässt.

Freilich, wenn die Gesellschaft der Zukunft so dumm sein sollte, sich nach dem Muster der gegenwärtigen zentralistisch-staatlich zu organisiren, dann wäre es allerdings möglich, dass z. B. die jeweilig herrschende Majorität die Minorität betröge, vielleicht gar zur Zwangsarbeit presste und selber faullenzte; oder auch, dass eine raffinirt ersonnene und fest gegliederte Beamten-Hierarchie, bestehend aus zahllosen Drohnen, die Massen — wie im Inka-Staate der alten Peruaner — ausbeutete und tyrannisirte.

Aber, wie gesagt, einen solchen Missgriff trauen wir den Menschen der nachrevolutionären Epoche nicht zu. Dieselben werden, gewitzigt durch die unendlich bitteren Lehren der Geschichte, nicht „neuen Wein in alte Schläuche giessen"; sie werden erkennen, dass sich Einrichtungen, welche die Knechtschaft erzeugt und erhalten haben, nicht für die Freiheit schicken; sie werden nach Zertrümmerung des altherkömmlichen teuflischen Zentralismus sich dem allbelebenden Föderalismus hinsichtlich ihrer Organisationen zuwenden.

Stehend auf dem Boden gemeinsamen Kapitals und föderalistisch organisirt, wird die Menschheit die Ausbeutung der Einen durch die Anderen, alles Herrschen und jede Knechtschaft für immer verbannt haben.

Die Ausbeutung der Einen durch die Anderen findet heutzutage nicht blos auf dem Gebiete der Produktion statt, sondern mehr noch auf dem der Waarenvertheilung. Die fertigen Produkte wandern durch die Hände zahlloser Schacherer, von denen kein Einziger denselben irgend einen Mehrwerth zusetzt, die aber nur zu häufig Fälschungen, d. h. Verschlechterungen damit vornehmen, und die dennoch die Preise der Gebrauchsgegenstände derart in die Höhe treiben, dass deren nomineller Werth (in Geld ausgedrückt) in demselben Augenblicke, wo sie den eigentlichen Konsumenten zufliessen, verglichen mit ihren Herstellungskosten, verdoppelt, ja nicht selten verzehnfacht erscheinen muss.

In der freien Gesellschaft kann von einer solchen Räuberei keine Rede mehr sein. Die Produzenten, welche ja auch sammt und sonders Konsumenten sind, tauschen die durch sie erzeugten Waaren *ohne* das Dazwischentreten des Handels und einer damit verknüpften Provitmacherei aus.

Hierzu ist allerdings ein *Vermittelungs*-Institut nöthig.

„*Heiliger Staat, hilf!*" ruft uns ironisch ein vom Herkommensteufel Besessener zu. Gemach! Auch hierzu benöthigt man des altbackenen Mandarinenthums nimmermehr. Denn so sehr es auf der Hand liegt, dass es höchst unpraktisch wäre, wenn sich jeder einzelne Konsument an die verschiedenartigsten Produktionsorganisationen wenden würde, um von denselben seine mannigfaltigen Bedürfnissgegenstände zu beziehen, so wenig könnte es praktisch erscheinen, wenn da sozusagen ein hundertmillionenköpfiger Staatskrämer den Vermittler spielen wollte.

Dieselben Menschen, denen die Zweckmässigkeit lehrt, wie sie sich zu organisiren haben, um die Waarenerzeugung so vortheilhaft wie möglich zu betreiben, ohne ihre individuelle Freiheit zu gefährden — dieselben Menschen können auch den Waarenaustausch nicht anders, als auf dem Wege freiwillig gebildeter Konsumtionsorganisationen bewerkstelligen wollen.

Also sollen Konsumvereine gebildet werden? Jawohl, *Konsumvereine!* Aber keine solch' traurigen Dinger, wie jene Gebilde gleichen Namens von *heutzutage* sind. Diese letzteren *können* keinen Erfolg erzielen, weil sie in der gleichen Zwickmühle stecken, welcher auch die Produktivgenossenschaften unserer Tage nicht entrinnen können; weil es unmöglich ist, sich mitten in einer privatkapitalistischen Welt kollektivistisch zu bewegen, und weil überhaupt erst nach dem Sturze der jetzigen Unordnung *freie* Vereinbarungen der Menschen auf den verschiedenartigsten Gebieten der Lebenszwecke denkbar sind.

Eine *Schablone* hinsichtlich der Gestaltung anarchistischer Konsumtionsinstitute aufstellen zu wollen, wäre Utopisterei; ja, es wird eine solche wahrscheinlich nie geben. Und wenn wir im Nachstehenden beispielsweise andeuten, wie man sich etwa die Regelung der Dinge in dieser Beziehung denken kann, so geschieht das nur deshalb, um unser ganzes System damit besser zu illustriren und dasselbe Jedem, der sich nicht böswillig neueren Ideen gegenüber verstockt zeigen will, verständlich zu machen.

Der Zusammenschluss einer Anzahl von Menschen zum Zwecke des gemeinsamen Waarenbezuges lässt sich in den verschiedensten Formen denken. Höchst wahrscheinlich ist es aber, dass die betreffenden Verbände mehr oder weniger durch das örtliche Zusammenwohnen der Konsumenten mehr oder weniger begrenzt sind. Während sich bei den produktiven Organisationen eine weitgedehnte Gliederung der einzelnen Gewerkszweige über das ganze Gebiet der freien Gesellschaft hin als zweckdienlich, ja vielleicht als unerlässlich erweisen dürfte, ist auf dem Gebiete des Waarenverbrauches kaum eine mehr als kommunale Organisation nöthig.

Wenn es den Bewohnern eines Ortes beliebt, so werden sie sich etwa gleich als ganze Kommune die Regelung des Waarenvertriebes angelegen sein lassen. Sie werden dann in diesem Falle kommunale Waarenmagazine errichten, denen jeder Einzelne seinen Bedarf entnehmen könnte. Andererseits wird die Konsumtionsgemeinde, wie man eine solche Organisation füglich nennen möchte, sich mit ihren Bestellungen direkt an die Verbände der verschiedenen Produktions-Organisationen wenden.

Ist eine solch' ausgedehnte Organisation des Genussmittel-Vertriebes aber da und dort nicht nach dem Geschmacke Aller, so mögen sie sich in grösseren oder kleineren Konsumvereinen mit oder ohne kommunale Föderation konstituiren. Es lässt sich in dieser Beziehung nicht vorher sagen, nach welcher Richtung hin sich diese Dinge zunächst Bahn brechen. In erster Linie kommt dabei eben die Neigung Derer in Betracht, welche in der Lage sind, solche Organisationen zu schaffen. In zweiter Linie wird höchst wahrscheinlich die *Praxis* jenes Systems, welches sich als das zweckmässigte erweist, ganz von selbst mehr und mehr Bahn brechen.

Bei dem Aufbau der Dinge nach freier Entschliessung der Betheiligten ergiebt sich eben unter Anderem auch der Vortheil, dass eine Mannigfaltigkeit von Erscheinungen *gleichzeitig* zur Geltung kommen kann, eine vergleichende Beobachtung zulässt und so ohne jeden Zwang das Beste an sich über das weniger Vollendete durch den überzeugenden Einfluss der Bewährtheit zum Durchbruch und zu *allgemeiner* Anerkennung bringt; wo hingegen die Dekretirung der Dinge durch Majoritäts- oder sonstige Gewalten von vornherein allen durch sie zu Stande gekommenen Einrichtungen den Stempel der Einseitigkeit aufdrückt und einen hochgradig konservativen, hinsichtlich der Entwickelung äusserst schwerfälligen Karakter verleiht.

Hier sei nur noch ein Punkt, welcher das soeben Gesagte etwas greifbarer machen dürfte, des Weitern in's Auge gefasst:

Die fortgeschrittensten Geister unserer Zeit sind heute schon darüber im Klaren, dass die Begründung grösserer Wirthschaftseinheiten, als die herkömmlichen Familienhaushalte darstellen, den Lebensgenuss, welchen die letzteren zu gewähren vermögen, bei weitem erhöhen muss.

Sollte nun die Konsumtionsart der Zukunft von Majoritätsbeschlüssen und zentralistischen Anordnungen abhängig sein, so würden höchstwahrscheinlich (wegen der Nachklänge vererbter philisteröser Anschauungen) grössere Wirthschaftseinheiten auf lange Zeit hinaus nicht zu Stande kommen können; später aber, wenn sich die bessere Einsicht endlich nach langwierigen diesbezüglichen Agitationen Bahn gebrochen hätte, würde die etwa immer noch vorhandene Krähwinklerei einer Minderheit mit Gewalt (per Majoritätsbeschluss) ausgemerzt, wodurch die Neigung zahlreicher Menschen abermals durchkreuzt und deren innere Befriedigung, ihr Glück, unmöglich gemacht würde.

Unser System nun überlässt es ganz und gar dem freien Willen der Menschen, es in dieser, wie in jeder anderen Hinsicht, je nach ihren individuellen Neigungen, einzurichten. So gut man einem grösseren oder kleineren Konsumverein in diesem einem weiteren oder engeren oder keinem Verbande anzugehören vermag, so gut die Möglichkeit gegeben ist, sich einer Kommune anzuschliessen, welche als solche die Konsumtion vermittelt, oder es gegentheilig zu halten, — ebenso selbstredend ist es, dass Familien- oder grössere Gruppenwirthschaft lediglich zu den Geschmackssachen der Einzelnen gehören.

Vielleicht noch längere Zeit hindurch begnügt sich gar mancher Mensch mit geringerem Komfort, nur um ein (allerdings unserer Ansicht nach *eingebildetes*) sogenanntes Familienglück zu geniessen. Die anarchistische Ordnung stellt ihm in dieser Beziehung wahrlich keine Hindernisse in den Weg. Dieselbe hält aber auch Denen die Bahn frei, welche sich von dem familiären Schneckenhausleben zu emanzipiren gewillt sind, und die lieber in Gemeinschaft mit einer grösseren Anzahl Gleichgesinnter in Palästen wohnen, gemeinsam Tafel halten und kurzum durch die Oekonomie der Organisation sich so luxuriöse

Einrichtungen schaffen können, welche die Verzettelung der Dinge und die Verschwendung von häuslicher Arbeit, wie sie bei familiärer Verkapselung unabweisbar sind, nimmermehr zulassen.

Sehen dann einmal die Familiarfanatiker, wie ungeschickt sie fahren, dann werden sie sich wohl mit der Zeit auch eines Besseren besinnen, einer weitgehenderen und vortheilhafteren Vergesellschaftung anbequemen — aber ohne hierzu *gezwungen* worden zu sein.

Wir geben wenig auf sprüchwörtliche Redensarten, aber *ein* Sprüchwort möchten wir doch gerne dem Gedächtniss eines Jeden, der an die Herbeiführung besserer Zustände denkt, einprägen: „*Des Menschen Wille ist sein Himmelreich!*"

Die kitzlichste Angelegenheit hinsichtlich des Waarenaustausches in einer freien Gesellschaft scheint die der *Werthschätzung* der einzelnen Güterarten im Vergleich mit einander zu sein. Und in der That existiren in dieser Beziehung ungemein weit von einander gehende Meinungen unter den Theoretikern der Gesellschafts-Philosophie.

Eine anarchistische Schule älteren Schlages ist mit dieser Sache rasch fertig, indem sie das Walten der freien Konkurrenz gelten lassen will. Diesen Standpunkt, der einen stark nach Manchesterei und überhaupt bürgerlichen Denkweise riechenden Zopf hervortreten lässt, vermögen wir nicht zu theilen. Er passt auch ganz und gar nicht in den Rahmen des *kommunistischen* Anarchismus. Wir sind der Ansicht, dass die Zeit der schwankenden Marktpreise, ja sogar die des Werthschätzens der Dinge im Gold- u. Silber-

Jargon mit dem Aufhören der kapitalistischen Produktionsweise ihren Abschluss erlangt.

Und so wenig wir etwas wissen wollen von der Fortdauer irgend eines schmarotzerischen Zwischenhandels auf dem Gebiete der freien Gesellschaft, ebenso wenig will uns das schachernde Konkurriren neben einander bestehender Produktivorganisationen mit der dazu gehörigen Verschwendung von Arbeitskraft und Rohstoff und dem Streben der gegenseitigen Schädigung und Uebervortheilung als kommunistisch, anarchistisch oder überhaupt sozialistisch erscheinen.

Würde man hinsichtlich der Werthschätzung der Waaren die freie Konkurrenz für die Gesellschaft der Zukunft akzeptiren, so wäre der heutige wüste Kampf um's Dasein, den Jeder gegen Alle zu bestehen hat, nicht nur nicht beseitigt, sondern er würde sich nur in *organisirter* Form bemerkbar machen. Nicht Individuen, wohl aber Gruppen ständen einander gegenüber. Nach wie vor bedeutete im Wesentlichen der Triumph der Einen den Untergang der Anderen; und eine unschätzbare Menge menschlicher Arbeit und sogar fertiger Dinge würde verwüstet werden.

Weit entfernt, dass vermöge solcher Konkurrenz-Freiheit den Bestrebungen des Individuums ein unbegrenzter Spielraum gegeben wäre, wie die Verfechter dieses Systems wähnen, würde umgekehrt nach wie vor das Individuum oder — was noch schlimmer ist — die Gruppe, zu welcher es gehört, beständig in der Gefahr schweben, von listigen Mitbewerbern auf dem Markte aus dem Felde geschlagen, schwer geschädigt, ja sogar existenzlos gemacht zu werden.

Wahrlich, eine solche, blos formale Aenderung (statt *Beseitigung*) der gegenwärtig existirenden wirthschaftlichen Lotterie, bei der das Glück der Einen das Unglück der Anderen bedeutet; eine solche organisirte Fortexistenz des menschlichen Egoismus, resp. der Eigenthumsbestialität, kann nicht dazu herausfordern, ihrethalben eine Revolution zu inszeniren, bei welcher vielleicht Millionen von Menschen vom Kampfe verschlungen werden.

Indessen, die Zukunfts - Konkurrenzler sind nur schwach an Zahl und Einfluss, und es ist nicht zu befürchten, dass die Menschheit ihren Einflüsterungen bei der Errichtung eines neuen Gesellschaftssystems Gehör schenken wird. Wir haben ihren Vorschlag auch wesentlich nur deshalb in Erwägung gezogen und verneint, weil es den Feinden der Anarchisten fortwährend beliebt, *dieser* (statt einer kleinen *individualistisch*-anarchistischen oder Proudhonistischen *Sekte*) die Konkurrenzkrähwinkelei vorzuwerfen.

Weit gefährlichere, weil an Zahl und Einfluss ziemlich bedeutende, Elemente begegnen uns hinsichtlich der Tausch-Angelegenheit — wie in allen Dingen, bei denen Archisten (Herrschafts- oder Gewaltsmenschen) und Anarchisten (Herrschaftsfeinde) an einander gerathen können — in der Gestalt der *Zentralisations*- oder *Zwangs*-Kommunisten.

Wer Anders könnte nach ihrer Ansicht den Werth der Dinge abzuschätzen haben, als eine Art Taxirungs-Gottheit, eine höhere, gewissermassen allwissende Autorität, ein Staatsgötze, ein ökonomisches Monstrum?

Merkwürdig! Diese Leute thun sich so viel darauf zu Gute, dass nach der Werththeorie, welche ihr Herr und Meister formulirte, der Tauschwerth einer jeden Waare *gegeben* ist durch die in derselben verkörperte nothwendige *Arbeitszeit.*

Was ist also einfacher, als die Schätzung des Waarenwerthes nicht nach einem die Wesenheit desselben verwischenden Geldmaasse, wie es die bisherigen Schacherer und Ausbeuter für gut befanden, sondern nach der Menge der darin steckenden normalen Arbeitsstunden? Wie z. B.: Ein Tisch einer bestimmten Gattung, geich 10 Stunden; ein Rock von der und der Art, gleich 20 Arbeitsstunden; ergo ist ein solcher Rock so viel werth, wie zwei Tische der betr. Qualität.

Könnten aber nicht doch die Einen durch die Anderen beschummelt werden? Vielleicht — eine Weile — sicher nicht auf die Dauer.

Schon die Statistik der einzelnen Gewerke, die bei der Produktion und Konsumtion in der freien Gesellschaft sich als ganz unerlässlich erweisen wird, ja geradezu den allgemeinen Regulator für die Produzenten, wie für die Konsumenten darstellen dürfte, und von der wir noch des Spezielleren reden werden, brächte eine solche betrügerische Manipulation allsbald an den Tag — könnte also nur vorübergehend, niemals dauernd wirken.

Die Quittung über eine Stunde in Waaren verkörperter nothwendiger Arbeitszeit wird die Einheit der Werthzeichen einer freien Gesellschaft zu bilden haben! Eine andere Annahme ist vollständig ausgeschlossen. Denn nur das *Zeit*geld —

wenn man solche Tauschscheine überhaupt noch „Geld" nennen will, was im Hinblick auf die scheussliche Rolle, welche das Geld bisher in der Welt gespielt hat, kaum der Fall sein dürfte, — nur das *Zeit*mass lässt eine *Werthschätzung ohne Schwindel* zu! —

Und gleichartige Produkte tauschen sich gegen einander aus.

Auf dem Wege von der Produktion der Waaren zur Konsumtion derselben verursachen sie ein gewisses Quantum menschlicher Thätigkeit. Der Werth der letzteren — nach der dabei aufgebotenen Arbeitszeit berechnet — muss daher eine Differenz zwischen den eigentlichen Herstellungskosten der Waaren und dem Gebrauchswerthe, den sie in den Händen der Konsumenten haben, bilden. Demnach müssen die Konsumenten nicht nur so viel von ihrem eigenen Arbeitsertrage — Zeitgeld — beim Waareneintausch hingeben, als in den Verbrauchsgegenständen beim Verlassen der Produktionsstätte in denselben an Arbeitszeit Anderer verkörpert war, sondern um so viel mehr, als durch die Thätigkeit bei Transport, Stapelung und Vertheilung neuerdings den Waaren gleichsam zugesetzt wurde — nicht mehr und nicht weniger.

Wie will man nun diese Angelegenheit nach Abschaffung des Profit machenden Handels und nach Proklamirung des freien Güteraustausches regeln? Sind etwa hierzu Diktate irgend welcher Autoritäten nöthig? Mit nichten!

Die einzelnen Konsumgemeinschaften sind ja in der Lage, leicht auszufinden, wie viel Arbeitszeit im Transport und in der Verwaltung u. s. w.

ihrer Waarenvorräthe steckt; darnach verfahren sie. Entweder erheben sie zur Deckung dieser Unkosten von ihren Mitgliedern gleichmässige Beiträge (also eine gewisse Anzahl von Quittungen über geleistete Arbeit) oder es wird ein entsprechender prozentueller Zuschlag auf die Herstellungskosten der Waaren beliebt. So oder so kann der betr. Aufschlag, verglichen mit den heutigen Waarenvertheuerungen durch den privaten Handel, nur von winziger Bedeutung sein. Denn jede Prellerei ist ja ausgeschlossen, da es augenscheinlich gar keinen Zweck hätte, wenn sich die Mitglieder von Konsumtionsgemeinschaften gegenseitig betrügen wollten.

Auch eine Menge von Unkosten, die mit dem Waarenvertriebe von heute auf das Engste verknüpft sind, kommen fortan in Wegfall. Geschäftsreisende, Reklamen, Inserate, Etiquetten und namentlich planloser Hin- und Hertransport der Waaren gehören in einer Gesellschaft von freien und vernünftigen Menschen selbstverständlich zu den überwundenen Dingen.

Ein verbissener Zentralist wird zwar einwerfen, dass bei dem von uns gelehrten Systeme *neben* einander bestehender und von einander unabhängiger Produktions- und Konsumtions-Organisationen ein rationeller Waarentransport doch nicht leicht Platz greifen dürfte. Allein wir können auch in dieser Beziehung die Bedenken der Schablonenmenschen nicht theilen.

Nichts ist nämlich mehr auf der Hand liegend, als dass die einzelnen produktiven Föderationen statistische Bureaux für ihre betr. Gewerke zu errichten haben, weil die periodische Feststellung der gegebenen Grössen in einer weit bestimmenderen Weise das Thun und Lassen der Gesammtorganisationen, wie der einzelnen Gruppirungen und Abzweigungen derselben, reguliren kann und muss, wie jede befehlende Zentralgewalt.

Vermöge einer solchen Statistik wird man jederzeit wissen, wie viele fertige Waaren u. s. w. an einem jeden Platze vorhanden sind. Und so gut aus dieser Statistik der Gewerke zu ersehen sein wird, in welchem Produktionszweige neue Arbeitskräfte gewünscht werden oder von den vorhandenen anderen Gewerbsbranchen abgelassen werden können; so gut also auf statistischem Wege die richtige (proportionelle) Vertheilung der Arbeitskräfte — je nach dem zeitweiligen Stande der Technik oder der Geschmacksrichtung des konsumirenden Publikums — gleichsam spielend bewerkstelliget werden kann, ebenso gut macht es die Statistik möglich, dass die begehrten Waaren von den nächstgelegenen Depots, d. h. auf kürzestem Wege bezogen werden können.

Es wird das umso eher der Fall sein, als es keine Kunst sein dürfte, die statistischen Daten aller Gewerke regelmässig zur allgemeinen Kenntniss zu bringen.

Bei dem hundertsten Theile eines Druckpapierverbrauches, welchen das heutige Schwindelinseratenwesen erheischt, sind die minutiösesten statistischen Tabellen zu liefern.

Damit ist, wie gesagt, gleichzeitig auch die Möglichkeit gegeben, die jeweilige Produktion nach den erfahrungsgemässen vorhandenen Bedürfnissen zu bemessen. Die Harmonie wird also auf dem Gebiete des Waarenaustausches nicht minder ihre naturgemässe Entfaltung finden, wie innerhalb der sonstigen Sphären der freien Gesellschaft; und alles Das auf Grund eines zwangslosen Spieles der auf einander angewiesenen Volkskräfte — auf Grund der anarchistischen Ordnung!

Nicht alle Menschen erzeugen eigentliche Waaren (*greifbare* Produkte), und können doch auch unentbehrliche Förderer des allgemeinen Glückes sein und sich in einer nutzbringenden Weise bethätigen. Das sind diejenigen Kopfarbeiter, welche durch ihr Schaffen irgend welche vernünftigen Bedürfnisse der Menschen befriedigen.

Von vielen der heute existirenden Kopfarbeitern kann etwas Derartiges nicht behauptet werden. Ja, die meisten derselben sind in ihrem Handeln absolut menschenfeindlich, kulturwidrig, freiheittödtend und darum in einer freien (anarchistischen) Gesellschaft durchaus zwecklos, existenzunberechtigt und darum auch undenkbar. Wir verweisen beispielsweise in dieser Hinsicht nur auf das Pfaffenthum, die Advokaten und sonstigen Justizschwindler, die Diplomaten, Bureaukraten, Literatur-Prostituirten u.s.w. u.s.w.

Diejenigen aber, welche Kunst und Wissenschaft, Erziehung und Gesundheitspflege in der freien Gesellschaft zu besorgen berufen sind, haben natürlich für ihre Thätigkeit auch ein entsprechendes Entgelt zu beanspruchen.

Sie haben kein Recht, ihr höheres Wissen monopolistisch zu verwerthen, resp. das Publikum in unverschämter Weise zu brandschatzen, weil sie ihre Fähigkeiten nur durch die Beihülfe der Gesellschaft erlangen konnten — zumal im Zustande der Freiheit und Gleichheit, bei welchem diese erziehliche Unterstützung *Allen* im *nämlichen* Grade zu Theil wird und lediglich Talent und Neigung — also Elemente, welche Niemandem ein Privilegium verleihen können — bei der höheren Ausbildung nach dieser oder jener spezielleren Richtung hin den Ausschlag geben werden.

Dagegen haben die Kopfarbeiter natürlich für ihre Leistungen die nämliche Entlohnung zu beanspruchen, wie die Handarbeiter — nicht mehr und nicht weniger.

Uebrigens ist es keinem Zweifel unterworfen, dass die Konsequenzen des anarchistischen Systems schliesslich dahin führen werden, dass die Kopf- u. Handarbeit keine getrennten Kategorien mehr sind.

Vermittelst einer gleichen und wissenschaftlichen Erziehung werden die Menschen mehr und mehr sammt und sonders einen hohen Grad allgemeiner Bildung erlangen. Vermöge einer mit der Entwickelung der Technik stetig abnehmenden täglichen Arbeitszeit wird andererseits den Menschen in immer ausgedehnterem Massstabe Gelegenheit gegeben, sich in geistigen Genüssen (den einzigen Genüssen, durch welche sich der Mensch von allen übrigen Thieren *mehr* als blos äusserlich und unwesentlich unterscheidet) zu ergehen, was ganz von selbst nach und nach zahllose Kapazitäten auf allen Gebieten des spezielleren Wissens zeitigen muss. Die auszeichnende Bethätigung der Letzteren wird deren höchster Genuss sein; die Kopfarbeit wird mithin in letzter Linie eine freiwillige, gesuchte, weil Genuss bereitende, Angelegenheit; und die Frage nach der Entlohnung für dieselbe kommt sozusagen ganz von selbst in Wegfall.

Bis indessen die kulturelle Entwickelung einen solchen Höhegrad erreicht hat, dürfte sich der geistige Konsum in ganz ähnlicher Weise regeln lassen, wie der materielle. Die organisirten Interessenten setzen sich durch freie Gesellschaftsverträge mit Denen in Verbindung, welche gewillt und geeignet sind, ihren Wünschen und Bedürfnissen in der verlangten Weise entgegen zu kommen. Es lassen sich ja die mannigfaltigsten freien Verbindungen in dieser Hinsicht denken — Verbindungen zu literarischen, sanitären, erziehlichen wissenschaftlichen, künstlerischen u. dgl. Zwecken. Die Geniessenden überweisen einfach an die Leistenden entsprechende Beträge ihrer aus ihrer Theilnahme an der Waarenproduktion erflossenen Anweisungen auf die vorhandenen fertigen Güter. Es dürfte dabei ein ganz ähnliches Verhältniss obwalten, wie bei der Entschädigung Derer, welche den Uebergang der Waaren von den Produzenten auf die Konsumenten vermitteln.

Staatsfanatiker stellen sich das allerdings anders vor. Sie glauben, es müsse auch in diesen Stücken autoritär verfahren und mandarinisirt werden. Die Beobachtung einer solchen Routine müsste schliesslich eine förmliche Gelehrten*zucht* zur Folge haben und in einer Wiederauffrischung des altägyptischen Kastenwesens gipfeln. Es ist nur gut, dass sich die Gestaltungen der Zukunft nicht an die Schrullen altmodischer Köpfe binden werden.

Die grösste Sorgfalt wird in der freien Gesellschaft dem Erziehungswesen zugewendet werden; oder vielmehr: die frei gewordene Menschheit wird zum ersten Male, seit die Welt steht, der heranwachsenden Jugend in Bezug auf geistige und körperliche Entwickelung rationell unter die Arme greifen und von der bisher üblich gewesenen *Dressur* zu einer wirklichen Schulung übergehen.

Der blöde Philistergrundsatz: dass die betr. Eltern oder — wie es heute sehr vielfach der Fall ist — gar die Grosseltern die besten Erzieher seien, kann nur in einer Gesellschaft, wie die heutige ist, zur Geltung kommen. Denn die herrschenden und deshalb Ton angebenden Klassen haben da das grösste Interesse daran, dass die Massen des Volkes so gut wie gar nicht erzogen, resp. so viel wie möglich *verwahrlost* werden.

Je ausschliesslicher den Eltern und den Grosseltern, insbesondere den alten Weibern, die Kinder zur „Erziehung" preisgegeben sind, desto unwissender sind und bleiben die Letzteren. Das beweist schon der oberflächlichste Vergleich zwischen solchen Ländern, wo staatlicher Schulzwang existirt, und solchen, wo das nicht der Fall ist.

Und das ist auch ganz natürlich. So wenig wie jeder Mensch Maler, Architekt, Schuster oder Schneider sein kann, ebenso wenig oder vielmehr noch viel weniger kann jeder Mensch Erzieher sein. Trotzdem hat man es bisher zwar als selbstverständlich angesehen, dass Pferde, Rinder, Esel, Schafe oder Gänse Denen zur Pflege oder „Zucht" anvertraut werden müssen, welche etwas davon verstehen; nicht aber sah man ein, dass die Erziehung des Menschen mehr Spezialfähigkeiten bei dem Erzieher zur Voraussetzung haben sollte, als die Zucht von Schafen beim Hirten.

Jeder Vater oder jede Grossmutter konnte den Menschen der Zukunft ganz nach Belieben, d. h. ganz nach Privatgeschmack, modeln — mochte er oder sie auch noch so bornirt sein —, blos weil das Erziehungs-Objekt ein Nachkomme war. Dass auf *solche* Weise und nicht etwa durch den Akt der Zeugung, der Idiotismus in den weitesten Kreisen von Geschlecht zu Geschlecht förmlich fortgepflanzt werden konnte, sollte Niemanden, der sich die Mühe nimmt, über diese entsetzliche Thatsache auch nur einen Augenblick nachzudenken, in Verwunderung versetzen.

Wenn also unter solchen Umständen die Familienerziehung nicht als etwas Wohlthätiges, Liebevolles aufgefasst werden kann, sondern als eine gemeinschädliche Anmassung zum Nachtheile der heranwachsenden Jugend und mithin auch der ganzen Gesellschaft anzusehen ist, so ergiebt sich für die freie Gesellschaft die Auffassung des Erziehungswesens als *öffentliche* Angelegenheit und demgemäss die *Organisation* desselben von selbst.

Wenn wir jedoch vorhin den staatlichen Schulzwang mit der blos privatimen Erziehung verglichen haben und dabei dem ersteren den Vorzug vor dem letzteren gaben, so ist es uns immerhin noch nicht in den Sinn gekommen, die Staatsschulmeisterei als unser höchstes Ideal auf dem fraglichen Gebiete zu betrachten.

Unsere Leser wissen, dass wir den Staat als solchen *verwerfen*, ergo können wir denselben auch nicht als erziehlichen Faktor anrufen oder reklamiren.

Die bisherige Staatserziehung hat wohl vor der familiären Kinderzucht einige unverkennbare Vorzüge gehabt, allein auf der andern Seite auch zahlreiche Nachtheile mit sich verknüpft. Obenan steht auch hier wiederum jener Schaden, der mit allem Zentralisirten oder überhaupt Schablonenhaften verwachsen ist, und der den Wetteifer im wissenschaftlichen Fortschreiten, wenn auch nicht ganz ausschliesst, so doch mindestens ungemein verlangsamt und vereinseitigt. Ganz abgesehen davon, dass die massgebenden Elemente eines jeden Staates (Personal-Tyrannen, Klassen-Parlamente oder Majoritäts-Pressen) in Sachen der Erziehung natürlich — wie in allen anderen Stücken, wo sie den Ausschlag geben können — ihren speziellen Standpunkt zum einzig massgeblichen machen und die Massen des Volkes so viel oder so wenig unterrichten lassen, als ihnen gut dünkt.

Hier wird also ein Mittelweg zu finden sein. Man wird es bei einer so hochwichtigen Angelegenheit nicht ganz zulassen können, dass sich die Schule und jedes sonstige Erziehungsinstitut auf Grund blos privater Vereinbarungen zwischen den frei gruppirten Lehrkräften und den Eltern gestalte, zumal bei solchem Verfahren die letzteren (je nach ihrer Einsicht oder Dummheit gruppirt) ihre Familientyrannei, wenn auch in veränderter — organisirter — Form fortzusetzen vermöchten.

Andererseits wird die *Kommune* oder unter Umständen etwa ein Verband mehrerer Kommunen hinreichen, das öffentliche und Kulturinteresse durch Indiehandnahme des Erziehungswesens vollkommen zu wahren.

Damit ist dann noch lange nicht gesagt, dass man *überall* (wie das beim *staatlichen* Erziehungswesen der Fall wäre) nach den nämlichen Prinzipien verfahren würde. Ja, es ist nicht einmal nöthig, dass die geographische (örtliche), oder, wie das Ding heute genannt wird, „politische" Kommune, die kommunale Erziehungsinstitution zu decken braucht, vielmehr mag es an manchen Plätzen und Distrikten vorkommen, dass Majoritäten und Minoritäten neben einander ihre Erziehungs-Kommunen (unabhängig vom sonstigen Kommune-Begriff) errichten.

Da kann dann die Leistungsfähigkeit aller dieser Institute sehr leicht einer vergleichenden Schätzung unterzogen werden. Das Bessere bricht sich auch hier wegen seiner qualitativen Vorzüge von selber und zwanglos Bahn und wird eingeführt, bis ein abermaliger Fortschritt, der innerhalb irgend einer anderen pädagogischen Organisation sich zeigt, zu noch weiterer Entwickelung treibt.

So will es das innere Wesen der Freiheit, die Grundeigenschaft des Anarchismus.

Wenn der Mensch im Stande sein soll, von den Ergebnissen wissenschaftlicher Forschung zu zehren, sich mit Verständniss künstlerischen Genüssen zu ergeben, überhaupt stetig auf der geistigen Höhe seiner Zeit zu stehen und so der Freuden des Daseins im idealeren Sinne des Wortes theilhaftig zu werden, so dürfen ihm das ganze Leben hindurch jene Hülfsmittel nicht fehlen, welche eine stetige Fortbildung und Entwickelung des Denkvermögens fördern können. Mit anderen Worten: Die denkbar höchste Bildungsstufe wird nur in einer Schule erklommen, die von der Wiege bis zum Grabe währt.

Wer da in einem gewissen Alter glaubt, dass er nichts mehr zu lernen habe, wird selten von der demüthigenden Empfindung, dass Andere ihm „über den Kopf wachsen", verschont bleiben. Geistiger Stillstand ist eben nicht nur gleichbedeutend mit einem Herausfallen aus der menschlichen Entwickelungssphäre, sondern auch mit Gehirnerschlaffung und mithin einem Rückgang im ganzen geistigen Dasein.

In der heutigen Welt ist dieser Zustand dem weitaus grössten Theile der Menschheit beschieden. Den Massen des Volkes sind die Stätten des höheren Wissens von vornherein verschlossen. Die entsetzliche Ausbeutung, unter der sie obendrein materiell schmachten, und die damit verknüpften körperlichen Entbehrungen sorgen des Weiteren dafür, dass nur ganz Wenige auf dem Wege der Selbsthülfe winzige Bruchtheile jener geistigen Schätze, welche ihnen die Gesellschaft vorenthält, zu erlangen vermögen.

Die Reichen aber streben durchschnittlich nur nach so viel Wissen, als nöthig ist, sie über die Armen herrschen zu lassen; denn durch diese Herrschsucht, welche in dem nämlichen Grade, in dem sie erfolgreich ist, an Ausschliesslichkeit in der Erfüllung ihres inneren Wesens zunimmt, wird jedes idealere Streben lahm gelegt.

Und da innerhalb des privatkapitalistischen Systems selbst die Gelehrten vor dem giftigen

Wurme der Korruption nicht gefeit sind, so entwickeln auch sie sich grossentheils wissenschaftlich nur, um mittelst der erlangten Kenntniss klingende Münze zu prägen. Nur ausnahmsweise zeigen sich unter solchen Umständen Karakter und Wissensdrang stärker, als der ordinärste Egoismus. Ja, man darf sagen, dass die Kultur unter der Aera der bürgerlichen Gesellschaft nicht etwa überhaupt noch vorwärts geschritten ist, weil derselben eine Art Bildungskern innewohnt, sondern *trotzdem das nicht der Fall ist.*

Ganz anders steht es in dieser Hinsicht mit der freien Gesellschaft. Die höhere Bildung der Einzelnen erweitert das Wissen Aller, daher haben *Alle* das grösste Interesse daran, den Wissensdurst eines *Jeden* zu reizen und zu stillen, d. h. das Bildungswesen für Jung und Alt in organisatorischer Weise zu fördern.

So bald das Kind physisch die Mutter entbehren kann, wird man es in einer vernünftigen Gesellschaft einem Erziehungsinstitute zuweisen. Für den Anfang wird ein solches die Gestalt des Kindergartens haben, wenn es auch natürlich bedeutend vollendeter sein dürfte, als die gleichnamigen Einrichtungen von heute. Eine rationelle Entwickelung von Körper und Geist durch wissenschaftliche Anwendung der Sanitätskunde, anregende Spiele, Anschauungsunterricht u. s. w. wird die Kindeszeit zu einer weitaus fröhlicheren gestalten und gleichzeitig das kindliche Hirn für seine weiteren Zwecke weit besser präpariren, als das heutzutage bei der denkbar besten Familien-Erziehung der Fall sein könnte. Ganz abgesehen von den Vortheilen, welche das Prinzip der

Brüderlichkeit aus dem System einer früh beginnenden gemeinsamen Erziehung zu erzielen vermag.

Was dann die eigentliche Schule betrifft, so wird sie grundverschieden von der heutigen Kinderkaserne sein müssen — nicht blos hinsichtlich des Lehrmaterials und der Erziehungskräfte, sondern auch betr. des Lehrplans und der räumlichen Einrichtungen.

Wir brauchen nicht erst zu betonen, dass in der Zukunftsschule natürlich weder religiöse Hirnverkleisterungen, noch „patriotische" Herzensvergiftungen Raum haben können — denn diese verbrecherischen Maximen stehen und fallen mit der *heutigen* Gesellschaft —, was wir hervorheben, dass ist manches Andere.

Mehr Schulräume, mehr Lehrer, mehr Schuljahre und weniger Schulstunden — das sind sicherlich die unerlässlichsten Vorbedingungen eines besseren Schulsystems; und die künftigen Organisatoren des Schulwesens werden dieselben nicht unberücksichtigt lassen können.

Der Unterricht darf auch nicht in der andauernd-abspannenden Weise geschehen, welche jetzt üblich ist und mehr schadet, als nützt. Eine Erholung vermittelst Abwechselung, zwischen die anstrengenderen Lektionen geschobene Spielpausen und die Verbindung des allgemeinen Bildungswesens mit der technischen Schulung der Jugend werden dieser die Schulperiode nicht lästig erscheinen lassen und sie in den Stand setzen, etwa nach vollendetem 18ten Lebensjahre mit voller Leistungsfähigkeit in das Gebiet der Produktivität hinüber zu schreiten.

Dieses selbst hat aber nichts mehr von dem Zuchthäuslerischen des heutigen Produktionswesens an sich und bietet Zeit und Raum zur stetigen wissenschaftlichen Weiterbildung *Aller*, zu welcher die genossene bessere Vorschulung bereits den nöthigen Drang erzeugt und die unerlässliche Auffassungskraft entwickelt hat.

Das Weitere ist Angelegenheit der betreffenden Organisationen für die Pflege von Kunst und Wissenschaft, von welcher fortan Niemand mehr ausgeschlossen werden kann. Der Mensch kann lernen und sich der stetigen Erweiterung seines Wissens freuen von der Wiege bis zum Grabe. Das wird der schönste Hochgenuss des Lebens sein.

Wir haben bereits angedeutet, dass die Konsumtion der Zukunft mehr und mehr aus dem engen familiären Rahmen heraustreten und, gleich der Produktion, in grösseren Organisationen sich abspielen wird. Schon hieraus ergiebt sich, dass die Stellung der Frau als Haushälterin erschüttert, resp. hinfällig wird. Ferner haben wir gezeigt, dass das Erziehungswesen in einer vernünftigen Gesellschaft nicht mehr ein Nebengeschäft der Mütter bleiben kann. Die Gebundenheit der Frau an Haus und Familie nimmt also nach und nach ein Ende. Das weibliche Geschlecht tritt mit den nämlichen Vorbedingungen, wie das männliche, in das Leben ein; alle Berufssphären stehen ihm offen; nicht auf dem Wege der Verehelichung, wie heute, wird die Frau ihre Daseinszwecke zu erreichen trachten müssen, sondern durch Anschluss an entsprechende produktive, konsumtive u. s. w. Organisationen, je nach physischer Kraft, geistiger Fähigkeit und Neigung.

Unter solchen Umständen sind wir auch der unangenehmen Aufgabe enthoben, die Gleichberechtigung beider Geschlechter in der freien Gesellschaft ausdrücklich betonen zu müssen. Dieselbe ist durch alle sonstigen Verhältnisse, ja durch die einfachsten Grundbedingungen des Anarchismus als eine selbstverständliche Sache gegeben.

Dass es überhaupt heutzutage noch nöthig ist, von der Emanzipation des weiblichen Geschlechts *speziell* zu reden (als wenn dieselbe nicht inbegriffen wäre in der Emanzipation des Proletariats an sich) kommt lediglich daher, dass die Inkonsequenzen, welche sich bisher durch manche sozialistische Schulen und Bestrebungen hingeschleppt haben, die Befreiung der arbeitenden Klasse selbst hinsichtlich der Form, welche dieselbe annehmen sollte, ziemlich dunkel und unbestimmt liess.

Nur deshalb war es möglich, dass zahlreiche Sozialisten die soziale Frage als eine *Männerfrage* auffassen konnten — als eine Frage, bei deren Beantwortung die halbe Menschheit nichts darein zu reden haben sollte.

Vermöge einer solch' schiefen Auffassung der Dinge wurden die brutalsten und einfältigsten Phrasen sogar im Munde von Sozialisten gang und gäbe. „Die Frau gehört an den Kochtopf!" „Wenn es uns (den Männern) besser ergeht, hebt sich auch die Lage der Frau." So und ähnlich argumentirte man häufig und bedachte nicht, dass man damit dem ganzen weiblichen Geschlechte, gerade als ob dasselbe aus Menschen zweiter Klasse bestünde, förmlich in's Gesicht schlug und es sozusagen auf die Gnade der Männer verwies.

Es kann in Wahrheit nur *einen* Grund geben, der etwa Veranlassung geben könnte, eine Verschiedenheit hinsichtlich der Stellung von Mann und Frau der Gesellschaft gegenüber herauszufinden. Das ist die Gebärung von Kindern nebst den damit zusammenhängenden physischen Nachtheilen für die Frau. Allein auch dieser Grund erweist sich keineswegs als ein solcher, der geeignet ist, die Frau in der freien Gesellschaft geringer zu schätzen, als den Mann.

Die Frau wird vermöge des angedeuteten Umstandes allerdings öfter in den Fall der Arbeitsuntauglichkeit kommen, als der Mann. Soll aber die Frau, weil sie ihrer geschlechtlichen Beschaffenheit halber körperlich mehr Unannehmlichkeiten durchzukosten hat, als der Mann, auch noch zu *weiteren* Nachtheilen verdammt werden? Nur der Barbarismus *unserer* Zeit kann darauf mit Ja antworten. In einer anarchistischen (humanitären) erscheint schon eine solche *Frage* als lächerlich.

Alle Arbeitsunfähigen werden in der freien Gesellschaft das nämliche Recht auf's Leben haben, wie die Arbeitsfähigen. Ein jeder nützlich thätige Mensch wird in seinem eigenen und im Interesse seiner Mitmenschen nicht umhin können, einer Organisation anzugehören, welche den Zweck hat, auf Kosten aller ihrer arbeitsfähigen Mitglieder, Denen, welche zeitweilig oder dauernd gezwungen sind, aus der Sphäre der produktiven

Thätigkeit sich zu entfernen, das nämliche Einkommen zu sichern, welches die Thätigen haben, und ihnen mit etwa sonst noch nöthigen, ausserordentlichen Hilfsmitteln an die Hand gehen.

Einschaltend sei hier noch hervorgehoben, dass natürlich auch zur Regelung dieser Angelegenheit kein *Staat* nöthig ist. Vielleicht gefällt es den Menschen der Zukunft, die Kommunen mit den entsprechenden Instruktionen auszustatten oder aber eigene Organisationen in's Leben zu rufen. Jedenfalls ist das ihre und nicht unsere Sache.

Die Frau, welche in ihrer Eigenschaft als Kindergebärerin arbeitsunfähig ist, wird aber nicht nur, wie wir in erster Linie hervorgehoben haben, die nämlichen Ansprüche an die Gesellschaft zu machen haben, wie ein anderer Arbeitsunfähiger; sie wird eher noch gerade in dieser Eigenschaft Anspruch erheben können, auf eine *Extraprämie*. Indem sie Kinder zur Welt bringt, sorgt sie für die Fortdauer des menschlichen Lebens. Ja, wir möchten sagen, sie ist in einem solchen Falle gar nicht zu den eigentlich Unthätigen zu rechnen; sie ist im Gegentheil in einem höheren Sinn nützlich thätiger, als Andere. Wie sie gleichsam neue Zweige treibt am Baume des Lebens, so ersetzt und vermehrt sie den Organismus der Arbeit und mithin des Güterreichthums und des menschlichen Glücks.

So dürfen wir denn in jeder Beziehung die vollkommene Selbstständigkeit und Unabhänigkeit der Frauen gegenüber den Männern in der anarchistischen Gesellschaft als unzweifelhaft gegeben annehmen.

Und wenn diese vollendete Freiheit resultirt aus dem Aufhören der Familienwirthschaft, aus einer nichtfamiliären Erziehungsmethode und aus der Schadloshaltung der Frau als Gebärerin, so dürfte es ziemlich nahe liegend sein, dass auch für eine *Ehe* im heutigen Sinne des Wortes keine Nothwendigkeit mehr existirt, weshalb eine Fortdauer derselben kaum für immer anzunehmen ist.

Wie alle Institutionen der Vergangenheit und Gegenwart, so beruht auch die Ehe auf einem *Zwangs*-Verhältniss. Und wenn man im Stande wäre, die sogen. „glücklichen" und die unglücklichen Ehen statistisch festzustellen, so würde man schaudern vor der Unsumme menschlichen Leidens, das gerade auf dem Gebiete des Ehelebens ertragen wird.

Eine Gesellschaft, wie die von uns erstrebte, kennt aber *gar keinen* Zwang, mithin auch das Galeerenthum der Ehe nicht. Freie Menschen werden, je nach ihren gegenseitigen Neigungen, geschlechtlich miteinander verkehren — ein Handeln, *das allein moralisch und natürlich ist*, und gegenüber welchem der Geschlechtsverkehr in der Ehe von heute sich — es ist scheusslich, aber wahr! — nur als *gesetzliche Nothzucht* erweist. — Manchem wird das, was wir hier gesagt, als „stark" erscheinen; allein wir sind sicher, dass wir die *Wahrheit* sprechen. Wahrheiten sind aber nicht da, um verborgen zu bleiben.

Wir haben durch unsere bisherigen Erörterungen hinsichtlich des Anarchismus gezeigt, dass ein Mechanismus, den man Staat nennen könnte, in der freien Gesellschaft vollkommen ausser Frage steht. Ebenso liegt es nach unseren Darstellungen auf der Hand, dass auch die Gemeinde der Zukunft jeglichen politischen Karakters entbehren und *ohne Regierung* sein wird.

Es kann da nicht mehr die Rede davon sein, dass ein Gemeinderath mit autoritärer Gewalt betraut und zur lokalen Herrschaftsklique ernannt wird. Das hiesse sonst, den im Grossen abgeschafften Staat en miniature durch zahlreiche Hinterpförtchen einschleichen lassen. Nicht der geringste Grund hierzu ist vorhanden; nicht der mindeste Zweck für eine solche Einrichtung ist zu erspähen.

Die Kommune der Zukunft kann einerseits bestehen aus mehreren Ortsgemeinden oder aber aus einzelnen Theilen einer grösseren Stadt; andererseits tritt sie in allen ihren verschiedenen Zwecken gleichsam selbstständig auf.

Hat sie die Konsumtion, resp. die Waarenzirkulation, zu vermitteln, so ist sie Wirthschaftskommune u. ihre Funktionäre haben mit anderen als Tauschangelegenheiten und den damit verknüpften Verwaltungsthätigkeiten nichts zu schaffen. Ebenso verhält es sich mit der Kommune der Erziehung, der Förderung der Kunst und Wissenschaft, der Pflege von Alten, Schwachen und anderen Arbeitsunfähigen, des Sanitätswesens, der öffentlichen Bauten u.s.w.

Von allen diesen Berufskommunen kann die eine grössere, die andere kleinere Thätigkeitsgebiete — auch örtlich aufgefasst — begrenzen, wie es eben der betr. Zweck, sowie die Neigung und das Bedürfniss der dabei Interessirten erheischt.

Kurzum, *diese* Kommunen haben nicht die geringste Aehnlichkeit mit den Ortsorganisationen von heute; es sind dieselben vielmehr nur Organisationen örtlich beisammen oder einander nahe wohnender Menschen zum Zwecke der Befriedigung verschiedenartiger Bedürfnisse — jede Organisation eigenartig, selbstständig, keiner anderen untergeordnet, wie das in dem Wesen einer *Regierungs*-Kommune von der Art heutiger Gemeinden läge.

Ja, wenn auch angenommen werden mag, dass für einige Zeit nach der Revolution noch in manchen Stücken die geographische Kommune und die oben angedeuteten Organisationen zu verschiedenen Lebenszwecken räumlich zusammen fallen oder sich decken, so ist andererseits kaum die Voraussetzung gerechtfertigt, dass die Kommune als solche für ewige Zeiten fortbestehen müsse. So wenig, wie die Kirche und der Staat unabänderliche menschheitliche Faktoren sind, sondern nur durch bestimmte (vorübergehende) Kulturstadien hervorgebracht wurden und mit deren Hinscheiden verschwinden müssen, so gut hat auch die Kommune nur einen *historischen* Beruf, nach dessen Erfüllung sie hinfällig wird.

Dieser Beruf reicht indessen augenscheinlich noch über die soziale Revolution hinaus, nur erleidet er nach derselben wesentliche Modifikationen in dem bereits erörterten Sinne.

Wollen wir uns ein vergleichendes Bild hinsichtlich des Unterschiedes zwischen der politischen Gesellschaftsorganisation von heute und der harmonischen Organisation der anarchistischen Gesellschaft machen, so kommen wir vielleicht der Wirklichkeit am nächsten, wenn wir uns den Staat als einen Kreis mit stark markirtem Zentrum vorstellen, um welches zahlreiche kleinere Kreise (Kommunen) gruppirt und gleichsam aneinander gekoppelt sind, während der Anarchismus ein Netzwerk darstellt, dessen Fäden nach allen erdenklichen Richtungen ineinander laufen, tausendfältige Knotenpunkte bildend und trotz aller Verschiedenheit in Stärke und Ausbreitung dennoch verbunden zu einem einheitlichen Ganzen.

Eine Gemeinschaft von Freien und Gleichen hat zum Unterschiede von einer Gesellschaft, welche aus Herren und Knechten besteht und die deshalb nur den krassesten Egoismus als allbewegende Seele in sich bergen kann, zum innersten Lebensprinzip die *Brüderlichkeit.*

Je freier die Menschen sind, je weniger der Individualität Zwang angethan wird, je mehr sich die Neigungen, Talente und Fähigkeiten der Einzelnen zu entwickeln vermögen, desto weniger ist Grund zu gegenseitiger Abneigung, zu Hass und Zwiespalt gegeben, desto stärker bürgert sich in Jedem das Gefühl der *Solidarität* ein.

Die zunehmende individuelle Freiheit, weit entfernt, die Menschheit in Atome aufzulösen, wie Mancher denkt, bewegt sie zu gegenseitiger Achtung und Liebe. Je mehr die Menschen Gelegenheit haben werden, nach freier Entschliessung sich zu gemeinsamer Thätigkeit, zu solidarischem Genuss, zu irgend einem selbst gewollten Zwecke zu gruppiren, desto edler wird sich ihr Karakter gestalten, desto weniger werden sich Interessen-Verschiedenheiten kreuzen können. Als Endresultat eines solchen Spieles der humanitären Triebe wird die Harmonie der menschlichen Handlungen entstehen müssen.

Wie bisher ein dunkler Drang die Menschen in den Kirchen zusammengeführt hat, um dort einem eingebildeten Ideale ausserhalb der natürlichen Welt nachzujagen, so werden die Menschen der Zukunft in ihren verschiedenen Eigenschaften als Produzenten oder Konsumenten, als Mitglieder von künstlerischen, literarischen, wissenschaftlichen, erziehlichen Gemeinschaften, als Glieder von Organisationen für öffentliche Wohlfahrt, für Sanitäts- und Versorgungswesen u.s.w. sich in ihren engeren oder weiteren Zirkeln versammeln, um ihre Ideen auszutauschen, Fortschritte hinsichtlich dieser verschiedenartigen Lebenssphären zu ersinnen oder durchzuführen, Gesellschaftsverträge mannigfaltigster Art abzuschliessen, mit einem Worte: die gemeinsame Sache zu fördern, das allgemeine Menschenglück zu erhöhen.

Da aber diese verschiedenartigen Organisationen nicht blos örtlicher Natur sind, sondern da vielmehr die lokalen Verbindungen nur Glieder grösserer Föderationen sein können, so wird zwar der Schwerpunkt des gemeinsamen Lebens und Wirkens in den persönlichen Zusammenkünften der unmittelbar organisirten Menschen bestehen, andererseits jedoch ein Zusammentreten von Abgesandten zahlreicher engerer Gemeinschaften nicht zu umgehen sein.

Nun muss man aber nicht denken, dass solche Zusammenkünfte irgendwie verwandt wären mit dem sogenannten Repräsentativsystem. Nein! Diese Schneider-, Tischler-, Künstler-, Erzieher-, Konsumenten- u. s. w. -Kongresse haben nicht einen Schatten von Aehnlichkeit mit den heutigen Parlamenten.

In den letzteren schwätzt und gesetzgebert der Pfaffe über Rinderpest, der Advokat über Eisenbahnen, der Schnapsbrenner über Schifffahrt, der Theologe über Naturwissenschaft u. s. w. Die Berathungen auf den Kongressen der freien Gesellschaft werden nur von *Sachverständigen* gepflogen werden.

Und so wenig sich annehmen lässt, dass solche Kongresse periodisch zusammen kommen, und so sehr es sich von selbst versteht, dass sie ganz nach dem Bedürfniss der betr. Interessenten abgehalten werden, so sicher liegt es im Grundprinzipe einer freien Gesellschaft, dass auf derartigen Kongressen entweder nur Vorberathungen gepflogen, nicht aber bindende Beschlüsse gefasst werden können, oder aber, dass die betreffenden Sendboten lediglich solche Dinge, über welche ihnen seitens der breiten Kreise der Organisationen, von denen sie entsandt worden, bestimmte Aufträge gegeben werden, bindend und endgültig (etwa Vertrag schliessend) mit einander zu erledigen haben.

Es kann auch vorkommen (wenigstens in der ersteren Zeit), dass ganze Kommunen das Bedürfniss fühlen, interkommunale Abkommen mit einander zu treffen; nur muss man sich nicht einbilden, dass in einem solchen Falle *alle* Kommunen der freien Gesellschaft (also eventuell des ganzen Erdballs) ihre Sendboten zu gemeinsamer

Berathung zu ernennen haben. Das wäre ebenso ungeheuerlich, wie zwecklos.

Da in dieser Beziehung die Verbands- oder Annäherungsbedürfnisse, je nach den verschiedenen Zwecken, sehr verschieden sein können, so werden auch die fraglichen Konferenzen oder Kongresse ganz diesen Vielseitigkeiten entsprechend sein. Für den einen Zweck tritt eine Kommune vielleicht nur mit 3, für einen zweiten mit 10, für einen dritten mit 100 anderen Gemeinden in Verbindung.

Kurz, wir sehen auch in dieser Beziehung beim Anarchismus in jeder Hinsicht die *Zweckmässigkeit* den Ausschlag geben.. Nicht die Direktion einer Autorität waltet da, sondern das Verlangen nach bestimmten Dingen, und zwar von Fall zu Fall; nicht nach geschriebenen starren Gesetzen, sondern nach wechselndem Bedürfniss. Und das nennen wir: *natürliche Ordnung.*

Werfen wir nach unseren bisherigen Ausführungen einen Blick aus der Vogelperspektive auf die anarchistische Gesellschaft, so erblicken wir folgende Grundzüge derselben:

Der Staat hat da weder Raum noch Zweck.

Die Kommune, als politischer Körper, ist ebenfalls überflüssig geworden.

Alle Lebenszwecke des Menschen werden durch entsprechende Organisationen oderGruppirungen erreicht.

Dieselben sind nicht zentralisirt und nur so weit föderalistisch mit einander verbunden, als zur Erreichung der damit erstrebten Ziele unerlässlich ist.

Ein Privateigenthum an Land oder Kapital existirt nicht mehr.

Die Arbeitsmittel aller Art befinden sich in den Händen der verschiedenen gewerklichen Organisationen.

Alle Menschen sind nicht nur Produzenten, sondern auch Konsumenten, und da die letzteren stets in der Lage sind, bei Abschluss von Lieferungsverträgen mit jeder einzelnen Produktiv-Organisation in beliebiger Anzahl sich zu gruppiren, so kann auch von einer Uebervortheilung derselben durch die Produzenten nicht die Rede sein.

Die Organisation der Konsumenten versteht sich aber auch schon deshalb von selbst, weil es undenkbar ist, dass in einer freien Gesellschaft unproduktive Handels-Schmarotzer Raum haben, und weil mithin die Konsumenten den Austausch der Waaren selber regeln müssen, was nur auf dem Wege entsprechender Organisation geschehen kann.

Wie die Handelsprellerei selbst, so ist auch deren Tausch-, resp. Täusch-Mittel, das Geld im heutigen Sinn, abgeschafft worden.

Die Waaren werden nach der darin steckenden normalen Arbeitszeit taxirt.

Als Produzent empfängt Jeder seinen Schein über wirklich geleistete Arbeit von der Organisation, zu welcher er gehört; als Konsument tauscht er dafür Waaren ein, die ebenso viel gethane Arbeit enthalten.

Willkürliche Uebertaxirungen sind übrigens auch durch die in einer solchen Gesellschaft von selbst gegebene gewerkliche und allgemeine Statistik ausgeschlossen.

Kunst und Wissenschaft werden, gleich der Waarenproduktion, durch Gruppirung der betr. leistungsfähigen Kräfte gepflegt.

Diejenigen, welche sich der Leistungen derselben bedienen, verstehen sich auf dem Wege freier Gesellschaftsverträge dazu, entsprechende Theile ihrer vermittelst produktiver Thätigkeit erworbenen Anweisungen auf fertige Waaren zu überweisen.

Das Erziehungs- und Bildungswesen erfreut sich der grössten Sorgfalt und ermöglicht es Jedem, sich genugsam geistig zu entwickeln, um fähig zu sein, die Ergebnisse von Kunst und Wissenschaft zu geniessen.

Ohne schablonenhaft zentralisirt zu sein, strebt der Unterricht die denkbar höchste Bildungsstufe für Alle an. Er erreicht dieses Ziel vermöge der föderalistischen Organisation der Bildungsinstitute, welche zu einem geistigen Wettkampfe der Lehrkräfte herausfordert.

Das solchermassen sich stetig erweiterte Wissen aller Menschen hebt das Glauben auf und sichert die Unmöglichkeit alter oder neuer Religionen.

Vermöge einer im Interesse Aller liegenden gegenseitigen Versicherungs-Institution ist jedem Arbeitsunfähigen das Recht auf die nämliche Existenz, welche dem Lebensfähigen zukommt, garantirt.

Das vollkommenste Selbstbestimmungsrecht der Frau, die ja endlich, gleich dem Manne, wirklich frei geworden, liegt auf der Hand.

Die Liebe ist prostitutionsfrei geworden; die

Ehe verzichtet auf den kirchlichen Segen, wie auf den staatlichen Stempel und ist lediglich basirt auf die Triebe und Neigungen Derjenigen, welche Geschlechtsgemeinschaften bilden; die Familie dürfte nach und nach grösseren Verbrüderungen sich liebender Menschen weichen.

Die gesellschaftlichen Zusammenhänge werden aufrecht erhalten und gefördert durch zeitweilig zusammentretende Fach- oder Sachverständigen-Kongresse.

An die Stelle der Gesetzgeberei tritt die Entschliessung von Fall zu Fall.

Niemand wird von obenherab regiert; Jeder ist Mitglied von zahlreichen Korporationen, denen er sich nach freier Auswahl anschliesst; Alle bethätigen ihren Willen; Keiner ist gezwungen, gegen seine Neigungen zu handeln.

Kurze Arbeitszeit, reichlicher Genuss und allgemeines Wissen verwandeln die seither zerklüftete Menschenwelt in einen Bund von Brüdern und Schwestern.

Das ist die *Anarchie* oder — wem das alte Fremdwort nicht beliebt — die *Harmonie.*

Während die Sozialdemokratie nach der Bedeutung dieses Begriffes und nach dem Wortlaut ihrer Programme günstigsten Falles nur auf eine Idealisirung des liberalen Staatsbegriffes, dem willkürlich eine sozialreformerische Tendenz beigemischt worden, hinausläuft und mithin an Halbheit krankt, noch weniger aber den Anspruch erheben kann, als eine neue Idee oder als ein neues soziales System aufgefasst zu werden, ist der Anarchismus in seinen Grundprinzipien, wie überhaupt seinem ganzen Wesen nach, logisch und konsequent. Wie mit dem Prinzip, so steht es auch mit der Taktik.

Parteien, welche die organischen Formen einer fehlerhaften Gesellschaft für ihre eigenen vermeintlichen Verbesserungen anwenden zu können glauben, müssen auch in ihrer Taktik gegenüber dem Bestehenden zu den mannigfaltigsten Inkonsequenzen gelangen. Die Anarchisten hingegen sind — Angesichts des von ihnen erstrebten Zieles — von vornherein auf bestimmte Wege angewiesen, die sie wandeln *müssen*, wenn sie nicht das Ziel selbst aus dem Auge verlieren und mithin aus der Rolle fallen wollen.

Aus *diesem* Grunde, und nicht, weil, wie vielfach angenommen wird, die Anarchisten eine besondere Hinneigung zur Gewaltthätigkeit haben, sind dieselben nicht blos prinzipiell (theoretisch), sondern auch hinsichtlich ihrer Taktik (praktisch) vollkommen *revolutionär*.

Sie lehnen es ab, den Arbeitern Palliativmittel in Vorschlag zu bringen, nicht nur deshalb, weil sie die Ueberzeugung hegen, dass unter dem kapitalistischen System eine generelle Besserstellung der arbeitenden Klassen überhaupt nicht erzielt werden kann, sondern auch aus dem Grunde, weil alle diesbesüglichen Kämpfe des Proletariats lediglich von einer Enttäuschung zur anderen führen, den Streit zwischen Kapital und Arbeit verflachen und verschleppen, ungeheure Opfer nutzlos verschlingen und in letzter Linie Muthlosigkeit und Pessimismus erzeugen.

Für einen Sozialdemokraten schickt es sich sehr wohl, von Zeit zu Zeit um Stimmkästen zu tanzen oder — wo das allgemeine Stimmrecht nicht existirt — um das allgemeine Wahlrecht zu petitioniren, weil ja die Sozialdemokratie in der Einbildung lebt, dass eventuell die Parlamente, besetzt mit Arbeiter-Vertretern, berufen sein könnten, die soziale Frage zu lösen; und, wo sie die Illusion nicht so weit treiben sollte, doch von dem periodischen Aufmarsch grosser Wählerhaufen einen ungeheuren agitatorischen Effekt erwartet.

Ein Anarchist hingegen *kann* schon deshalb nicht zur Wahlurne gehen, weil er den Staat, sammt seinem Parlamentarismus und seiner Gesetzes-Fabrikation, total verneint und mithin, indem er wählte, eine Inkonsequenz beginge, eine Konzession an ein von ihm grundsätzlich verpöntes Institut machte und solchermassen mit sich selbst in Konflikt gerathen würde.

Dazu kommt noch, dass gegenwärtig nichts so sehr geeignet ist, die herrschende Tyrannei zu verhüllen und daher deren entsetzliches Wirken abzuschwächen, wie gerade das Repräsentativ-System, welches dem Ventile von der Dampfmaschine gleicht, durch welches von Zeit zu Zeit die angesammelten Dämpfe abpfeifen können.

Ein ächter Revolutionär kann und darf sich an solchen Spiegelfechtereien nimmermehr betheiligen. Seine Pflicht ist es im Gegentheil, das Proletariat davon zu warnen.

Der Sozialdemokrat glaubt an eine langsame Entwickelung der Dinge und nimmt an, dass dieselbe „ganz von selbst“ sich abspielen müsse. Das hindert ihn freilich nicht, sich mit dieser seiner Theorie in Widerspruch zu setzen und mit aller Macht in die „Aufklärungs“-Trompete zu stossen und sich der Utopie hinzugeben, dass die

Sozialdemokratie ganz sicher etablirt werde, wenn er nur erst die „Aufklärung“ in hinlänglichem Maasse besorgt habe.

Der Anarchist aber — wiewohl er sich nicht gegenüber der Thatsache, dass der Kapitalismus schon durch seine eigenen Konsequenzen zur Unmöglichkeit seiner Fortdauer verdammt ist, blind verhält — begreift, dass seine Aufgabe im Wesentlichen nur in der *Vorbereitung auf die soziale Revolution* bestehen könne.

„Eine *friedliche und gesetzliche*“ Revolutionirung des Volkes charkterisirt sich indessen als ein arger Unsinn, daher der Anarchist von vornherein darauf verzichtet, eine heuchlerische Reformations-Maske zu tragen und die Arbeiter nicht kalt und nicht warm werden zu lassen. Seine Mission ist der Krieg mit allen Mitteln gegen Staat und Gesellschaft.

Humanitäts-Phrasen, wie sie einem Sozialdemokraten auf den Lippen schweben können, weil es in seinem Kopfe überhaupt sehr gemüthlich aussieht, würden in dem Munde eines Anarchisten ebenso unglaubwürdig, wie lächerlich klingen. Derselbe vermeidet sie daher und reizt ohne Unterlass die Arbeiter zur Empörung auf. Und da er weiss, dass eine jede einzelne revolutionäre *Handlung* viel weiterhin vernommen wird und in viel grossartigerer Weise überall aufregend wirkt, wie Tausende von Reden und Schriften, so betreibt er vor Allem die *Propaganda der That*.

Ein Sozialdemokrat darf sich die Sophisterei erlauben, zu sagen: „Ich kämpfe nicht gegen *Personen*, sondern nur gegen das System.“ Solche flauen Witze sind der Anarchisten unwürdig. Dieselben wissen, dass die herrschenden Personen die *Träger* des bestehenden Systems sind, und dass Letzteres nicht eher fallen kann, als bis die Ersteren auf's Haupt geschlagen sind. Daher schonen sie Niemanden und Nichts in ihrem zerstörenden Werke gegenüber dem Kapitalismus.

Kurzum, die Sozialdemokraten propagiren verschwommene Programme durch nichtssagende Mittel; die Anarchisten erstreben den völligen Umsturz alles Bestehenden durch rücksichtslose Anwendung von Gewalt. Die Sozialdemokratie hat reformatorische Instinkte; die Anarchisten sind vollbewusste und entschlossene Revolutionäre.

Die meisten Menschen sind so schwerfällig in ihrem Denken, dass sie nur durch greifbare Dinge, durch aufregende Handlungen und ähnliche Demontrationen in bedeutenderem Masse aus ihrer Alltagsträgheit aufgerüttelt werden können.

Das ist den Anarchisten wohlbekannt. Aus *diesem* Grunde empfehlen sie als bestes Agitationsmittel die Propaganda der That.

Diese ihre Taktik hat sie bereits tausendmal gefürchteter gemacht, als ihre Philosophie. Andererseits werden dennoch viele Einwendungen dagegen erhoben, und zwar — man sollte es kaum glauben! — gewöhnlich im sozialdemokratischen Lager.

„Wir kämpfen nicht gegen Personen, sondern gegen ein System!" ruft man da pathetisch in die Welt hinein. Als ob es in der menschlichen

Gesellschaft Systeme gäbe, welche nicht von Personen getragen und repräsentirt würden!

„Die Tödtung Einzelner nützt ja doch nichts; es treten Andere an ihre Stelle"! — werfen die weniger heuchlerisch Gesinnten ein. Gewiss, antworten wir, wäre es besser, wenn man im Stande sein würde, gleich die *ganze* reaktionäre Brut (mit Kind und Kegel), wie giftiges Unkraut auszumerzen; allein vorläufig sind auch vereinzelte Hinrichtungen nicht ohne Nutzen.

Dieselben bringen der sogen. „vornehmen Gesellschaft" das Bewusstsein bei, dass über ihrem Haupte stetig das Damokles-Schwert der sozialen Revolution schwebt, und dass sie auf einem Boden steht, von dem sie nie weiss, ob nicht die vulkanischen Gewalten der modernen Wissenschaft darunter glimmen.

Schon Dieses ist etwas werth. Es kommt einer Züchtigung der Reichen und Mächtigen gleich. Die Banditen der „Ordnung", welche sich immer in dem Wahne gewiegt: dass sie Niemand für ihre Verbrechen zur Rechenschaft ziehen könne, sehen den „Vater Lynch" auf allen Wegen und Stegen, wie er ihnen, zornig und entschlossen, den Dolch der Rache entgegenstreckt. Das wesentlich stört sie in ihrem Wohlbehagen.

Auf der andern Seite erweckt jede rächende That, welche ein Revolutionär an einem Vertreter der kapitalistischen Gesellschaft oder an einem Gewaltswerkzeuge derselben begeht, bei den gequälten, ausgebeuteten Volksmassen Genugthuung, neuen Trost, neue Hoffnung. Ferner reizt gewöhnlich eine derartige That zur Nachahmung. Und vor Allem ist sie ein *Mittel zur Propaganda.*

Eine jede solche That wird bei dem heutigen Verkehrs- und Zeitungswesen binnen wenigen Stunden in der ganzen Welt bekannt. Man spricht in jeder Werkstatt, in jedem Wirthshaus, in jeder Hütte darüber. Die Gründe der That werden erwogen; man kommt auf den Thäter selbst und damit auf die Grundsätze zu sprechen, denen zulieb er die Handlung vollbracht. Das ist eine Agitation, wie sie durch Reden und Schriften nimmermehr erzielt werden könnte. Alles, was man daher allenfalls beklagen kann, ist der Umstand: dass bisher die Propaganda der That nicht schwunghafter betrieben wurde. Jeden Tag, jede Stunde müssten etliche Menschenfeinde in das Nichts befördert werden. Und wie wir die Entwickelung, resp. Zuspitzung, der Dinge kommen sehen, so erblicken wir auch schon jetzt einen Zustand, wo die Lynchjustiz täglich und stündlich geübt wird. Das wird das unmittelbare Vorspiel zur sozialen Revolution sein. Denn diesmal wird selbst der eigentliche Kampf nur aus einer grossen Reihe von Einzelnakten bestehen, weil das gegenüber der modernen Kriegskunst die einzige Taktik ist, welcher letztere nicht beikommen kann.

Alles gut und schön! — wirft indess ein unverbesserlicher Wenn- und Aber-Mensch dazwischen; — aber sehet ihr nicht, welchen Schaden solche Thaten der Bewegung verursachen? Werden nicht Hunderte von Genossen in den Kerker geschleppt? Jagt man nicht Tausende ausser Landes? Erlassen die Regierungen und Parlamente nicht Ausnahmsgesetze? Werden nicht die letzten Reste von den etwaigen früheren

Volksfreiheiten ausgemerzt? Muss das nicht die Sache eher nach rückwärts, statt nach vorwärts, drängen?

Genug der Heulmeierei!

„Druck erzeugt Gegendruck!" hat man früher in jeder Versammlung pathetisch ausgerufen. Wir wüssten nicht, wieso diese physikalische Formel nun auf einmal ausser Kraft gekommen sein soll.

„Je toller es die Regierungen treiben, desto rascher kommen wir zum Ziele." Seit Jahrzehnten hat das jeder sozialistische A-B-C-Schütze täglich deklamirt; jetzt soll plötzlich das Gegentheil richtig sein. Das leuchtet uns nicht ein. Wir betrachten überhaupt das ganze Gejammer betr. der anarchistischen Thats-Taktik als einen Ausfluss feiger Gesinnung und egoistischer Karakterlosigkeit.

Wir halten *jedes* Mittel, welches die Sache der sozialen Revolution fördert, für recht und empfehlen es. Unsere Feinde sind nie wählerisch im Kampfe gegen das Volk gewesen. Raub und Mord sind ihnen zur zweiten Natur geworden. Mithin heisst es: *Aug' um Auge!*

Zu denken, dass zwischen dem Kapitalismus und der künftigen freien Gesellschaft ein Mittelding eingeschoben werden könne, ist sehr absurd; gleichwohl nimmt die deutsche Sozialdemokratie dieses Zwischending ernst; ja, sie betrachtet dasselbe als unumgänglich.

Diese Halbheit dürfte auf das Lückenhafte ihrer Literatur zurückzuführen sein, an welcher sie mit wahrhaft bauernmässigem Konservatismus hängt.

Das Kommunistische Manifest ist augenscheinlich die Stammschrift dieser Schule; und alle späteren Broschüren u. s. w. haben sich — fast ohne irgend einen neuen Gedanken zu zeitigen — davon abgezweigt. Dabei übersieht man vor Allem den Umstand, dass dieses Manifest unmittelbar vor Ausbruch einer *bürgerlichen* Revolution herausgegeben wurde und darauf berechnet war, im Sturm und Drang derselben etliche Konzessionen im Sinne des Staatskommunismus den bürgerlichen Revolutionären abzuringen. Derartige Zugeständnisse der Bourgeoisie an das Proletariat und namentlich die weitere Entwickelung einer solchen Komprommisslerei hätten allerdings eine Art Uebergangsstadium zwischen Kapitalismus und Kommunismus dargestellt; allein der Verlauf der Ereignisse von 1848 zeigte bereits, dass die Bourgeoisie keine Lust hat, Zugeständnisse solchen Wesens an die arbeitenden Klassen zu machen, resp. sich selber langsam die Flügel zu beschneiden. Inzwischen hat sie ihre diesbezüglichen Absichten wahrlich nicht im bessern Sinne modifizirt. Und wenn die Verfasser des Kommunistischen Manifests dasselbe heute zu schreiben hätten, so würden sie wahrlich jene provisorischen Reformvorschläge für sich behalten.

Mit den Lassalle'schen Schriften verhält es sich ähnlich. Denn die Forderung von Staatshülfe zur Errichtung von Produktiv-Genossenschaften ging wesentlich aus der von Lassalle gehegten Voraussetzung hervor, dass die zu seiner Zeit mit der Bourgeoisie im häuslichen Zwiste befindliche Junker-Regierung aus lauter Bosheit an die Arbeiter Konzessionen in der angedeuteten Richtung machen und so ein Uebergangsstadium zwischen der kapitalistischen und genossenschaftlichen Produktionsweise ermöglichen werde. In Wirklichkeit aber handelte es sich bei der preussischen Regierung von vornherein nur darum: die Arbeiter eine Weile in solchen Glauben zu belassen, um sie gegen die Bourgeoisie ausspielen und dieselbe leichter mürbe machen zu können — ein Koup, der bekanntlich in der That gelungen ist.

Anstatt dass nun die deutsche Sozialdemokratie in ihren späteren Jahren diese Dinge genügend gewürdigt hätte, um bei Formulirung ihrer Bestrebungen keine Oportunitäts-Illusionen mehr zu begehen, stellte sie „Programme", deren Inhalt nichts deckt, als die ehemaligen Prinzipien des *Liberalismus*.

Man vergleiche z. B. das Gothaer Programm mit der Verfassung des Kanton Zürich und man findet in der letzteren, welche weit *älter* ist, als das erstere, die ganze Weisheit der Gothaer Sozialisten-Partei vorweg genommen. Die Schöpfer dieser Verfassung waren aber nichts weiter, als bürgerliche Demokraten. Bis jetzt ist mittelst derselben noch kein Hund vor den Ofen gelockt und auch kein Uebergang zwischen Kapitalismus und Kommunismus geschaffen worden.

Zwischen diesen Extremen kann überhaupt kein Mittelding Raum finden.

Was von Einem zum Andern führt, das ist lediglich die *soziale Revolution*. Entweder missglückt dieselbe, und dann wird der Kapitalismus mit allen seinen Schrecken und Scheusslichkeiten nochmals eine Galgenfrist gewinnen; oder sie ist siegreich, und dann bleibt vom Kapitalismus nichts übrig, als das zu Gunsten der Gesammtheit konfiszirte Kapital.

Im ersteren Falle hat die kapitalistische Klasse selbstverständlich nicht die geringste Lust, sich auf irgend welche Kompromisse mit den Kommunisten einzulassen; vielmehr hat sie bereits in der blutigen Maiwoche von 1871 gezeigt, von welcher Art ihre Konzessionen gegenüber den Besiegten sind.

Im Falle der siegreichen Revolution springen die Ausbeuter über die Klinge; und mit den Todten macht man keine Kompromisse.

Kurzum: es kann wohl eine kurze Periode des Einreissens und Aufbauens geben; aber das ist gleichzeitig auch die Periode des revolutionären Kampfes, also ein *ausserordentlicher* Zustand.

Diesen kann man umso weniger als „Ubergangsstadium" auffassen, als derselbe *kurz* sein wird und muss. Denn entweder wird die Revolution unerbittlich terroristisch durch die Länder fegen, oder sie ist geliefert.

Wenn die kommende soziale Revolution nicht ein Fehlschlag sein soll, so muss mit dem Kapitalismus, sowohl mit dessen *persönlichen* Repräsentanten, als auch mit dem *materiellen* Untergrunde desselben, *kurzer Prozess* gemacht werden.

Was von der Kapitalistenbrut nicht über die Klinge springt, bleibt ein Stachel im neuen Gesellschaftskörper; mithin wäre es Dummheit und Verbrechen, wenn man mit dem Parasitengezücht nicht *gründlich* Kehraus halten wollte.

Das einfältige Geschwätz: als habe man, wenn man konsequent sein wolle, neun Zehntel der

Menschheit auszurotten, da beim Ausbruch der Revolution doch höchstens ein Zehntel in den Kampf ziehen werde, ist lediglich ein Beweis dafür, wie weit die Sophisterei Derjenigen geht, welche zwar die Revolution theoretisch predigen, dieselbe aber praktisch bis zum St. Nimmerleinstag verschieben möchten.

Umgekehrt ist auch gefahren! Kaum der zwanzigste Theil der Bewohner irgend eines „Kultur"(?)Landes braucht dem Schindanger einverleibt zu werden; denn mehr wirkliche Eigenthums-Kanaillen (deren Helfershelfer eingerechnet) existiren glücklicher Weise nirgends. Möge man sie übrigens — um kein übel angebrachtes Mitleid zu erwecken — möglichst *human* wissenschaftlich, etwa vermittelst Elektrizität, abthun! Wir empfehlen keine Grausamkeiten, sondern nur *Nothwendiges.*

Die breite Masse, welche bis zum Ausbruch der Revolution reaktionär gesinnt oder indifferent war, ist nach gewonnener Schlacht nicht mehr gefährlich. So weit diese Leute nicht durch die Macht der triumphirenden Thatsache mit einem Schlage für die Sache der Revolutionäre gewonnen werden, sind sie mindestens zu respektvoller Neutralität geneigt. Ersteres wird im Grossen und Ganzen bei den Arbeitermassen eintreten; letzteres wird man an den Spiessbürgern beobachten können. Denn Proletarier mögen noch so sehr verdummt worden sein — den Anbruch des Befreiungstages vermögen sie doch zn empfinden. Und Philister haben nur ein grosses Maul, wenn sie dasselbe unter der Protektion einer allgewaltigen Macht aufsperren können;

sich für *irgend* eine Sache zu schlagen, fällt ihnen nicht ein.

Ebenso schnell, wie man subjektiv einen radikalen Schritt zu machen hat — ebenso rasch hat man objektiv einen kühnen Griff zu thun.

Eine *allmälige* Expropriation setzte ja einen Kompromiss mit den Besitzenden voraus, wovon doch heutzutage kein ernsthafter Revolutionär mehr träumen kann, und bedeutete obendrein die Verlängerung des Kampfes bis in's Unendliche.

So aber liegt es auf der Hand, dass die Revolutionssoldaten nur ihren Sieg sofort gründlich auszunützen haben, um *sogleich* nach *allen* Richtungen hin der freien Gesellschaft die Bahnen der Entwickelung zu öffnen.

1. Hinrichtung der Reaktionäre; 2. Konfiskation des Kapitals. Das ist das Programm, welches die Streiter der Revolution auszuführen haben.

Dass man zu diesem Zwecke nicht extra eine „Uebergangs"-Staatsgewalt einzusetzen braucht, ja dass hierzu gar keine Zeit gelassen wird, muss Jeder begreifen, der sich den kommenden Umsturz nicht geradezu als ein harmloses Spiel vorstellt.

Derartige Massregeln zu ergreifen, dazu braucht man keine Parlamente und keine Regierungen. Die vorübergehende Existenz von Revolutions-Ausschüssen genügt hierzu.

Eine Gefahr, dass derartige Ausschüsse doch den Karakter von Regierungen annehmen könnten, ist deshalb nicht gegeben, weil für die verschiedenen zu erreichenden Zwecke selbstständige, von einander unabhängige und lediglich dem Revolutionsheere verantwortliche Kommissionen ernannt werden können, und weil die Aufgabe, welche dieselben zu vollbringen haben, nur eine ausserordentliche, einmalige, also vorübergehende ist; nach deren Erledigung die Auflösung der betreffenden Ausschüsse sich ganz von selbst versteht.

Einige Monate des Kampfes der Vernichtung, der Vergeltung und der Güter-Konfiskation bilden somit augenscheinlich die ganze „Uebergangs"-Periode, von welcher sich schwachsinnige Geister vorstellen, dass dieselbe Jahrzehnte oder gar Jahrhunderte lang dauern werde.

So kurz das Werk der Aufhebung des Alten sein wird und muss, so rasch darf man sich das Entstehen einer neuen Gesellschafts-Formation denken.

Für verhältnissmässig sehr kurze Zeit kann man sich höchstens insofern ein Provisorium vorstellen, als man annimmt, dass im Momente des revolutionären Kampfes die ausser Thätigkeit gesetzten Volksmassen mit dem nöthigen Lebensbedarf versehen werden müssen. Auch diese Aufgabe werden revolutionäre Ausschüsse zu erfüllen haben. Vermittelst der konfiszirten Waarenvorräthe und des Inhalts der beschlagnahmten Banken, endlich durch sofortigen Abschluss von Lieferungsverträgen mit der landwirthschaftlichen Bevölkerung der betr. Distrikte, ist alles Nöthige in dieser Beziehung leicht vorläufig zu veranlassen.

Je stärker aber die vorhandenen Vorräthe zusammenschmelzen, desto grösser ist das Bedürfniss nach neuer Produktion von Waaren. Es kann mithin an die *definitive* Regelung der

Dinge sicherlich rasch genug heran getreten werden.

Aber auch in dieser Beziehung stellt man sich die Sachen äusserst schwierig vor; und Mancher denkt geradezu: es würde nöthig sein, dass etliche Tausend Universal-Genies (sozialistische Halbgötter) zur Welt kommen, um den grossen Organisationsakt zu besorgen. Diese Anschauung ist indessen nur auf die unglückselige kommunistische *Staatsidee* zurürückzuführen. Bei Verwirklichung einer solchen hätte ja jeder Einzelne die Pflicht, mit seiner Individualität einzupacken, wo hingegen Alle das Recht haben würden, „solidarisch" so lange den Mund aufzusperren, bis die hohen, höheren, höchsten und allerhöchsten kommunistischen Autoritäten für den ganzen Erdball die grössten und kleinsten Dinge einfür allemal gemodelt, zugeschnitten, ausgekohlt und dekretirt hätten. Nachher zieht sich jede Individualität - Auster in die ihr angewiesene Schale zurück und lässt sich per Autorität in fetten Grund setzen, wo dann „solidarisch" (versteht sich, aber immerhin unter autoritärer Vorsehung) Nahrungsstoff u.s.w. eingesogen werden kann.

Wem möchte Derartiges gefallen? Uns nicht!

Es ist auch keine Gefahr vorhanden, dass ein ähnlicher Prozess von statten gehen wird. Die Menschen haben es sicherlich mit der Regelung ihrer neuen Verhältnisse vielzu eilig, als dass sie es abwarten könnten oder möchten, bis sie von irgend welchen Zentralisationslöffeln zu solidarischem Glückseligkeitsbrei zusammengerührt werden.

Die Arbeiter treten eben höchst wahrscheinlich in gewerkschaftliche Organisationen zusammen, übernehmen die Produktions-Instrumente, Rohstoffe u. s. w., welche ihren betr. Branchen entsprechen, und fangen an, zu produziren. Die Kommunen mögen vielleicht ihrerseits sich vorläufig als eine Art Konsumvereinigungen organisiren u. durch Abschluss von Lieferungsverträgen mit den einzelnen Produktions-Korporationen den Waarenaustausch vermitteln. Damit wird schon viel, wahrscheinlich Alles, gethan sein, was vorerst geschehen kann.

Alles Weitere wird nach und nach geordnet werden müssen. Und man darf sicher sein, dass Diejenigen, welche bisher schon alle produktiven Angelegenheiten in grossartiger Weise geregelt haben, d. h. dass die arbeitenden Volksmassen, wenn erst einmal das Alpdrücken des Herrenthums und der Regiererei von ihnen gewichen ist, mehr und mehr Massregeln zu ergreifen vermögen, welche das Glück Aller zu erhöhen sich eigenen, ohne dass deshalb der Einzelne austerisirt zu werden braucht.

Wir glauben wenigstens, in unseren diesbezüglichen Abhandlungen genugsam angedeutet zu haben: wie man sich die Entwickelung der Dinge etwa denken kann, wenn man die Menschheit nicht von vornherein und für immerdar als eine unverbesserliche, stets zu bevormundende Rotte von Idioten und Schuften auffasst.

Der Zustand, der uns dabei vorschwebte und den wir für weit natürlicher und leichter einführbar erachten, wie den Zentralisations- und darum geradezu menschenfeindlichen Kommunismus, ist der kommunistische *Anarchismus.*

Nur im Anarchismus ist die Herrschaft jeglicher Art und mithin auch die Knechtschaft in jeder Form ausgeschlossen.

Knecht oder *Anarchist?* Das ist für die Zukunft die Frage. Möge der Leser wählen!

Anhang.

Wo logische Argumente nicht ausreichen, muss im Kampfe für und gegen bestimmte Prinzipien die *Sophistik* herhalten. Man macht zunächst ein Zerrbild aus Dem, was bekämpft werden soll und klopft dann mit Pritsche und Pappdeckeldegen darauf herum, dass es Einen heiter stimmen könnte, wenn ein solches Gebahren nicht gar zu traurig wäre. Auch unsere Abhandlungen über den Anarchismus konnten natürlich einem ähnlichen Schicksal nicht entgehen. Etliche Sätze oder Satztheile wurden da herausgegriffen, ausser Zusammenhang gebracht, zu anarchistischen Vogelscheuchen aufgeblasen und nachher mit viel Geschrei (aber verdammt wenig Wolle) vermittelst vorbemerkter Waffen „abgethan".

Mit diesen allgemeinen Andeutungen könnten wir uns eigentlich begnügen; allein heutzutage ist nichts zu dumm — es find't sein gläubig' Publikum. Aus diesem Grunde muss besagter Sturm auf selbsterzeugte Vogelscheuchen näher karakterisirt und dorthin verwiesen werden, wo er hingehört — nicht in das Bereich ernsthafter Kritik, sondern auf das Gebiet burlesker Klopffechterei.

Man höre also!

„Wem gehören zunächst die fertigen Waaren in einer kommunistisch-anarchistischen Gesellschaft?"

Diese Frage beantworten wir dahin: dass ganz *natürlich* fertige Waaren *zunächst* denjenigen produktiven Organisationen gehören, welche dieselben erzeugten.

Darob wollte nun kürzlich ein Kritiker unserer Abhandlungen fast aus der Haut fahren. Wir fanden es nicht der Mühe werth, ihn zu fragen: wer wohl nach *seiner* Ansicht *augenblicklich*, so wie die Waare fertig, dieselbe an sich ziehen solle? Wir bereuen es, die Frage nicht gestellt zu haben; denn die Antwort wäre sicher heiter genug ausgefallen.

Etwa so (wir wüssten wirklich nicht, was da sonst zu sagen wäre): Alle fertige Waare gehört augenblicklich nach ihrer Erzeugung der *Gesammtheit.* Da die freie Gesellschaft natürlich alle Grenzen u. s. w. hinweggräumt, so besteht die Gesammtheit aus allen Bewohnern der Erde. Diese können aber nicht überall gleichzeitig die fertigen Waaren den Produzenten, so zu sagen, unter den Fingern fortnehmen; mithin müssen sie für diesen Zweck Aufpasser haben. Da aber nur dann diesen Angestellten nichts durch die Latten gehen kann, wenn sie an allen Produktionsstätten in genügender Anzahl postirt werden, so dass z. B. jeder Stift, den ein Nagelschmied gemacht, gezählt und im Namen der Gesammtheit beschlagnahmt werden kann, muss die Menge dieser Waaren-Einzieher zu den Produzenten etwa in dem Verhältnisse stehen, in welchem sich die Zahl der Büttel zu der der Gefangenen in einem Zuchthause befindet.

Natürlich sind alle diese Leute zentralistisch

organisirt, sonst könnte ja die Gleichheit Schaden leiden, und ein Zentralkomitee muss .....

Genug! unterbrechen wir. Wer hat Lust, mandarinisirt zu werden? Sämmtliche Chinesen, Hindus, Michels u. dgl. stimmen mit Begeisterung dafür — die Majorität ist da. Wir Anderen — nun, wir gehören zur Minorität; wir haben uns „demokratisch", „solidarisch", „disziplinarisch" zu *fügen*, sonst — — — Ja, was sonst? „Mögt Ihr auswandern!" ruft uns ein anderer Majoritäts-Schwärmer zu. Aber wohin? Etwa nach dem Mond? Auch *wollen* wir gar nicht auswandern, und wollen uns auch von keiner „höheren" Macht, etwa von einer kosmopolitanischen Majoritäts-Chineserei, schuhriegeln lassen. Was denn? „Ordnung" muss sein! Die kosmopolitanische Polizei erscheint auf dem Plane, schleppt uns vor Majoritäts-Geschworene, welche uns im „Namen des Volkes" verknurren und in kommunistische Zuchthäuser werfen. Die Schlange der Tyrannei beisst sich in den Schwanz und — zerquetscht Jeden, der sich nicht gutmüthig, wie ein erschreckter Frosch, vor ihren Majoritäts-Windungen duckt. Reizende Aussichten das! —

So aber nimmt sich leider die Geschichte aus, wenn man die Sophisten, welche in der fraglichen Beziehung laut werden, rechtzeitig beim Schopf nimmt, ihren Grundgedanken, von dem sie ausgehen, festnagelt und schliesslich die Konsequenzen zieht.

Lassen wir indessen der Sophistik Zeit, sich zu entfalten! Sie hat das Wort!

Also, fertige Waaren — so beginnt sie — sollen zunächst denjenigen Produktions-Organisationen gehören, welche dieselben erzeugt haben. Das ist haarsträubend!

Fertige Waaren — dazu gehören ja auch Gebäude, Maschinen u. drgl., und das sind Kapitalien. Die Erzeuger derselben werden mithin Kapitalisten, unter Umständen Monopolisten. Alle Anderen, welche solche Kapitalien nicht erzeugen, derer aber benöthigen, sind mithin von jenen Leuten abhängig und werden von denselben ausgebeutet, unterjocht. Es giebt schliesslich wieder Arme und Reiche, eine abhängige und eine privilegirte Klasse.

Wie sich das Alles so „logisch" anhört! Aber wir müssen dennoch die schillernde Seifenblase— denn das und nichts Anderes ist die ganze Windbeutelei — mit der Nadel der gesunden Vernunft ein wenig kitzeln. Sie platzt dann sofort.

Freund Sophist weiss aus unseren Abhandlungen, dass in einer Gesellschaft, welche den industriellen Unternehmer-Profit und den Betrug des Zwischenhandels *vor allen Dingen* aufheben muss, die Menschen nicht blos in ihrer Eigenschaft als Produzenten, sondern auch als Konsumenten *organisirt* sind. Es ist ihm also klar, dass unter Umständen die *gesammte* Konsumentenschaft jeder *einzelnen* Produktions-Organisation gegenüber treten kann und mithin es nicht nöthig hat, sich übervortheilen zu lassen.

Hätte Freund Sophist, als er unsere Abhandlungen las, es über sich gewinnen können, den alten (veralteten) sozialdemokratischen Adam ein wenig abzustreifen und namentlich die Brille unverbesserlichen Vorurtheils abzulegen, so hätte er gefunden, dass überhaupt aus zweierlei

Gründen eine Ausbeutung der Einen durch die Anderen, gleichviel, was Diese produziren, oder Jene konsumiren mögen, *ausgeschlossen* ist.

Erstens leuchtet es nach unseren Erörterungen ein, dass in einer freien Gesellschaft die Waaren nicht anders, als nach ihrem *wirklichen* Werthe (der darin steckenden normal verausgabten Arbeitskraft) taxirt werden können. (Da Freund Sophist sich rühmt, Marxist zu sein, so muss er doch wissen, wie das zu verstehen ist.)

Zweitens erhellt doch auch aus dem Ganzen unserer Darstellungen hinsichtlich des Waarenaustausches: dass, da überhaupt wesentlich auf Grund von Lieferungsverträgen, die je nach den erfahrungsgemässen Bedürfnissen zwischen den Konsumtions- und Produktions-Genossenschaften abgeschlossen werden, die Waaren-Erzeugung von Statten geht.

Würden einzelne Abtheilungen der Produktionssphäre ihren eingegangenen Verpflichtungen nicht nachkommen, so schädigten sie sich selber mindestens ebenso sehr, wie Jene, zu welchen sie in ein Vertragsverhältniss getreten sind. Stockt der Waarenzufluss, so wird auch mit der Verabfolgung von entprechenden Anweisungen auf die in den allgemeinen Depots lagernden Konsumtionsgegenstände eingehalten. Wird dagegen weit über das verlangte Mass hinaus produzirt, so könnte dies höchstens zu einer *Entwerthung* der betr. Waaren führen. Statt sich zu einer monopolistischen Kraft zu verhelfen, würden sich mithin die fraglichen Produzenten nur in's eigene Fleisch schneiden.

Endlich sollte es aber doch gerade einem Sophisten, welcher ja auf jedes Wenn und Aber eine Antwort bereit hat, am allerehesten einleuchten, dass seine „Gefahren", die da aus den in Frage stehenden Verhältnissen erwachsen könnten, möchten, dürften u. s. w., zu den ungelegten Eiern gehören, deren Ausbrütung er ruhig Denjenigen überlassen sollte, welche es damit wirklich zu thun haben.

Seit je hat es Einfaltspinsel gegeben, welche jedem sozialistischen Gesellschafts-System gegenüber nichts Besseres zu thun wussten, als dass sie die betr. Anhänger desselben mit blödsinnigen Fragen belästigten, die sich aber sammt und sonders um Kleinigkeiten oder geradezu unmögliche Voraussetzungen drehten.

Wer soll in einer kommunistischen Gesellschaft die Stiefel putzen? Wo bleibt die Gleichheit, wenn Alle Champagner, wie Wasser, trinken wollen; und wenn nicht genug vorhanden ist? Wie, wenn Jeder ein Reitpferd haben wollte? Was fangt Ihr mit den Faulen an? Wer wird da noch Neues ersinnen wollen, wenn jede Aussicht auf Extragewinn fehlt? Wird sich die Menschheit bei allgemeinem Wohlleben nicht vermehren, wie eine Heerde von Kaninchen? Wo soll da noch Raum und Nahrung für Alle herkommen? U. s. w. u. s. w.

Alle derartigen Fragen sind von den Kommunisten, Sozialdemokraten etc. in der Regel nur humoristisch behandelt und abgefertigt worden.

Trotzdem verfallen nun die guten Leutchen den *Anarchisten* gegenüber in den nämlichen Fehler und wollen von denselben über jeden Pfifferling, der da etwa einer Regelung benöthigen könnte, Aufschluss haben, — gerade, als ob die Anarchisten von heute die anarchistische Gesellschaft der Zukunft en miniature in einer Schachtel unter dem Arme trügen und dieselbe nur zu öffnen brauchten, um die Menschen und Dinge in der gegebenen Weise zu gruppiren, auf dass sich hieraus das gewünschte Resultat ergäbe!

Wie schade, dass die Menschen und deren Bedürfnissgegenstände nicht lauter Chemikalien sind und deshalb auch nicht zu Experiment-Zwecken in Retorten versetzt werden können!

Wenn solche einfältige Fragen vollends von Leuten gestellt werden, welche noch immer mit jeder Faser des Herzens an die A-B-C-Schule der deutschländischen Sozialdemokratie gebunden sind, so gesellt sich zu der Naseweisheit auch noch eine ungeheure Anmassung. Denn diese Art von Sozialisten hat es in Zeit von 25 Jahren noch nicht weiter gebracht, als bis zu einer allgemeinen Jammerei über die Ausbeutung der Arbeiter durch die Kapitalisten und zu dem dunklen Drange: diesem Uebelstande vermitttelst der Autorität eines noch nicht näher definirten „Volksstaates" abhelfen zu *wollen;* obgleich die ganze Volksstaatlerei längst in der Schweiz, in Frankreich, in Amerika und bei allen bisherigen Revolutionen gründlichst Fiasko gemacht hat.

So frech die Attaquen dieser fanatischen Halbsozialisten gegen denAnarchismus sind, so schnurrig klingen ihre diesbezüglichen Fragen.

Wenn die aufgewendete Arbeitszeit den Werth einer Waare bestimmt — rief uns unlängst ein solcher Mann zu —, wie steht es dann mit Marmor im Vergleich zu Sandstein? Man verbraucht vielleicht ebenso viel Arbeit, um von diesem einen Zentner zu liefern, wie von jenem; ergo haben die Marmorbrecher ein Monopol, *weil Marmor mehr Werth hat* (!!!). Vor solcher Konfusion im Denken, vor solcher Verwechselung kapitalistischer Willkür-Werthschätzung und kommunistischer Arbeit muss natürlich der gesunde Menschenverstand die Segel streichen.

Aber unser Mann wird immer zudringlicher: Hier ist guter Boden, dort schlechter; mithin erzielen Diejenigen, welche den guten Boden überlassen bekamen, bei gleicher Mühe einen höheren Ertrag, als Jene, welche den schlechten Boden bebauen. Die Ungleichheit ist also wieder da und damit auch die Ungerechtigkeit. Das ist gewiss eine verblüffende Frage.

Nun ist aber bekannt, dass heutzutage noch bei Weitem der vollkommen gute Boden nicht unter Kultur ist, und dass nur deshalb auch schlechter Boden bebaut wird, weil die Landräuber ihre Krallen auf *alle* Grundstücke gelegt haben. In dem Augenblicke, wo die freie Gesellschaft etablirt wird, können *alle* Ackerbau-Gesellschaften Boden von durchschnittlich *gleicher* Güte erhalten. Mageres Land kann dann zu Rinder- oder Schaf-Zucht verwendet und damit nach und nach ebenfalls in besseren Boden umgewandelt werden. Das Weitere besorgt die Entwickelung der Technik, Chemie u. s. w. Ja, wir gehen dreist so weit, zu erklären: dass der Mensch in nicht allzu ferner Zeit im Stande sein wird, den Unterschied zwischen gutem und schlechtem Boden völlig auszutilgen. Eine rationell betriebene Landwirthschaft bringt das ganz von selbst mit sich. Ausserdem dürften sich die landwirthschaftlichen Genossenschaften, so gut wie die industriellen Korporationen, distriktsweise föderiren und zu gewissen Zwecken sogar noch viel weitere Verbände bilden. Theilweise Missernten, Hagelschlag und dgl. machen das allein schon selbstverständlich.

Was hier von der Landwirthschaft gesagt ist, gilt auch vom Bergbau, hinsichtlich dessen ähnliche Fragen aufgeworfen wurden.

Wir haben dieselben hier überhaupt nur beantwortet, um zu zeigen: dass es damit gar keine Schwierigkeit hat. Immerhin bleiben wir dabei: dass wir uns zur Zeit um solche Dinge praktisch gar nicht kümmern *können*, weil dieselben „ungelegte Eier" sind.

Es ist überhaupt nur eine Spekulation auf den *Unverstand*, welche derartige Fragereien erzeugt, und es gehört eine solche Kampfesweise nicht zu den *ehrenhaften* Praktiken des Parteilebens, sondern es karakterisirt dieselbe das *Intriguantenthum* und den *Jesuitismus*, welche in der Arbeiterbewegung nachgereade zu selbstmörderischen Faktoren geworden sind. Tauchen dieselben in so provokatorischer Weise auf, wie in obgedachter Hinsicht, so mögen sich deren Repräsentanten nicht wundern, wenn ihnen die Höslein gespannt und der Allerwertheste mit spanischem Rohr bearbeitet wird, — wie hiermit geschehen sein soll.

Anhang zur 2. Auflage.

Wie ehedem die meisten Menschen glaubten, die Monarchie könne *nie* abgeschafft werden, weil ohne dieselbe keine „Ordnung" denkbar sei, so geht es nun den Majoritätsgläubigen. Die schlechte Schule einer angeblichen „Demokratie" (inclusive „Sozialdemokratie") hat ihnen die Schrulle beigebracht, dass die Menschheit ihre Angelegenheiten *stets* nach Majoritätsbeschlüssen regeln werde, weil man *bisher* der Meinung war, es sei dies das denkbar freiheitlichste Verfahren. So schlankweg anzunehmen, dass *in der Zukunft* ein System praktizirt werden würde, blos weil man *bisher* so dumm war, nichts Besseres anzuwenden, ist von vornherein kindlich naiv und höchst *unlogisch.*

Es ist eine solche Annahme um so unmotivirter, als ja bekanntlich schon seit langer Zeit das Unzulängliche, Verkehrte und Ungerechte der Majoritätswirthschaft von allen einsichtigeren Beobachtern des öffentlichen Lebens erkannt worden ist, und als sogar in weiteren Kreisen alle erdenklichen Manipulationen, welche diesen Uebelständen den Garaus machen sollten, eingehend erörtert worden sind.

Hierzu gehört z. B. schon das gesetzgeberische Vorschlags- und Verwerfungsrecht „durch das Volk", bei dem man an eine Korrektur der einen Abstimmung durch eine andere denkt, in der

Praxis freilich, wie das in der Natur der Sache liegt, nur vom Geplätscher einer Bezirksmajorität unter den Wolkenbruch der Majorität des ganzen Volkes kommt.

Andere schlagen Abstimmungen nach dem Gesammtgewichte der Parteien vor, so dass jede Partei nach ihrer *allgemeinen* Stimmenzahl und nicht nach ihrer Anhängerschaft in den einzelnen Orten oder Stimmdistrikten bei der Repräsentanz berücksichtigt werden sollte. Derartige und viele ähnliche Vorschläge bewegen sich natürlich sammt und sonders noch im Nebel der Gesetzgeberei und „demokratischen Regierung"; immerhin zeigen sie aber, dass selbst beschränkte Staats- und Legislativ-Meier schon vielfach den dunkelen Drang verspüren, an der Allweisheit des Majoritätsprinzips zu zweifeln und dasselbe zu korrigiren.

Um wie viel weniger liegt für die Pioniere einer *freien* Gesellschaft ein Grund vor, abgelebte, krankhafte, ja nichtsnutzige Systeme konserviren zu wollen! Nur lächerlicher Eigensinn und gedankenloser Herkommens-Schlendrian können auf solche Irrthümer verfallen.

Die Anarchisten wissen sich frei von solchen Schwächen, betrachten die Dinge in dieser, wie in jeder anderen Beziehung vorurtheilslos und kommen deshalb auch zu *logischen* Schlüssen.

Sie sind sich vor Allem darüber klar, dass die Unterjochung des Menschen durch Andere nicht schmackhafter oder weniger fühlbar wird, wenn sie, statt durch despotische Diktate, durch die Majoritätsherrschaft ausgeübt wird. Hieraus ergiebt sich für die Anarchisten die Nothwendigkeit, eine Formel zu finden, bei welcher gemeinsames Wirken und individuelles Wollen einander weder ausschliessen, noch gar widerstreben, sondern vielmehr ergänzen. Und da die Majoritätsentscheidung schon heute günstigsten Falles als ein „nothwendiges (?) Uebel" angesehen wird, so kann von Anarchisten (Feinden *jeglicher* Herrschaft) dieser Faktor von vornherein beim Aufsuchen einer *harmonischen* Gestaltung der Dinge nicht einmal für *diskussionsfähig*, sondern nur als *ausser* Frage stehend angesehen werden. Das neue Prinzip kann nicht mehr in einer mehr oder weniger erzwungenen *Unterordnung*, sondern nur in einem freiwilligen, neigungsgemässen Zusammenschluss, resp. in *harmonischer Gruppirung* der Menschen bestehen.

Da in der freien Gesellschaft der weitgehendste Föderalismus *selbstverständlich* ist (Zentralismus und Freiheit schliessen ja einander aus), so besteht nach allen Richtungen hin und auf jedem Gebiete menschlichen Handelns eine solche Mannigfaltigkeit, dass von vornherein im grossartigsten Maasstabe für alle Individuen Gelegenheit gegeben ist, nach Fähigkeiten, Bedürfnissen, Neigungen, Temperamenten u. s. w. mit Gleichveranlagten, Gleichgesinnten etc. in engere oder weitere Verbände zu treten.

Das ist eine Basis, auf welcher die Menschen dem von schwachen Geistern für „unmöglich" gehaltenen Ideale der *Einstimmigkeit* — wenigstens in den engeren Zirkeln — immer näher rücken können und werden. Das ist gleichzeitig eine organisatorische Form der Gesellschaft, bei welcher im Falle schroffer Meinungsdifferenzen —

so lange und so weit solche, etwa durch oberflächlich getroffene Prüfung der Genossen, mit denen man sich verbunden, oder durch Wechsel in den Ansichten u. s. w., eintreten mögen — ein entsprechender Organisations- oder Gruppenwechsel vorgenommen werden kann, so dass Diejenigen, welche Gleiches wollen, falls sie nicht zuvor schon enger vereinigt waren, nöthigenfalls jeder Zeit eine solche Verbindung einzugehen vermögen, sicherlich aber nicht in die Lage kommen, sich majorisiren lassen zu müssen.

Kurzum, in der freien Gesellschaft muss der Wille der etwaigen Majorität und derjenige der Minorität auf allen Gebieten des menschlichen Lebens *gleichzeitig* zur Geltung gelangen können, und nicht bloss der des grossen Haufens, wie es die Verfechter der Majoritäts-Herrschaft haben wollen, sonst wäre das Lebensglück Aller, welche nicht zu den Durchschnitts-Individuen zählen, ebenso wie heute, mit Füssen getreten; und es lohnte sich kaum der Mühe, die *jetzige* Gesellschaft über den Haufen zu schlagen.

Dass solche Dinge, die doch eigentlich auf der Hand liegen, erst noch erörtert werden müssen, und dass sogar Leute, welche sich berufen fühlen, den Kampf gegen das Bestehende und den Aufbau einer neuen Gesellschaft zu predigen, gegen solche Natürlichkeiten und gegen diese einfache Logik des gesunden Menschenverstandes anzukämpfen suchen, ist sehr traurig, aber dennoch begreiflich und entschuldbar.

Wer in Knechtschaft geboren und verkehrt, d. h. nach den Grundsätzen der heutigen Gesellschaft, erzogen wurde, ist im Grossen und Ganzen nur zu geneigt, die äussere Form der Dinge mit dem inneren Wesen derselben zu verwechseln und daher in einer Formänderung eine Wesensumwandlung zu erblicken, weshalb er etwa goldene Ketten an die Stelle von eisernen setzen möchte, statt alle Fesseln abzustreifen. Aus allen diesen Gründen erscheint uns die Lehre von einer Majoritäts-Herrschaft in der freien Gesellschaft zwar als eine wahnwitzige, doch erklären wir sie als einen Ausfluss des künstlich erzeugten Massenunverstandes. Wenn wir daher Front gegen solche Irrlehren machen, so geschieht das nicht aus Hass gegen die Verfechter derselben, sondern weil uns die Grundsätze unserer Bestrebungen dazu zwingen.

Den schlecht Unterrichteten können wir nur ruhiges Nachdenken über den Gegenstand empfehlen; sie kommen dann vielleicht auch noch zu unserer Ansicht; denn das menschliche Gehirn ist nicht bloss dazu da, um alte Dogmen zu konserviren, sondern auch, um neue Wahrheiten zu erforschen. Und es ist nicht gesagt, dass ein ignoranter Mensch verdammt ist, stets unwissend zu bleiben.

Während der Egoismus der heutigen Menschheit aus den Institutionen der Eigenthums-Bestialität entsprang und daher mit dieser steht und fällt, ist der Ehrgeiz nicht nur eine *dauernde* menschliche Eigenschaft, sondern es ist sogar einleuchtend, dass derselbe mit der Zunahme höherer Bildung sich immer stärker entwickelt.

In der freien Gesellschaft wird daher die Habsucht zu den überwundenen Lastern der Menschheit gezählt werden können, der Ehrgeiz, d. h. das Bestreben, sich vor Anderen auszuzeichnen, wird umgekehrt in höherem Masse als je vorhanden sein. Wer das nicht kennt, der kann vom Wesen der menschlichen Natur nicht viel verstehen.

Es ist das aber auch durchaus kein Unglück, vielmehr müsste man ein umgekehrtes Verhältniss beklagen. Denn durch die Entwickelung des Ehrgeizes ist die Bürgschaft für einen Wetteifer in der Förderung des kulturellen Fortschrittes gegeben. Und da der Ehrgeiz nicht mehr, wie in der Gegenwart, getrübt wird durch habsüchtige Nebentriebe, da vielmehr die Befriedigung des Ehrgeizes in der ideellen Anerkennung einer höheren Leistung gesucht und gefunden werden wird, so ist gerade durch diesen Umstand der oft gehörte Einwurf, als werde im Zustande der Gleichheit und Freiheit ein geistiger, resp. zivilisatorischer Stillstand eintreten, als unberechtigt und unlogisch gekennzeichnet.

Nur in *einem* Falle könnte der menschliche Ehrgeiz einer freien Gesellschaft verhängnissvoll werden, wenn nämlich die Menschen den dummen Streich begehen sollten, statt den Anarchismus zu etabliren, die Politik mit dem Kommunismus zu verquicken, Gesetzgeberei zu treiben und demgemäss auch Gesetzesvollstrecker u. dgl. (*Regierer!*) anzustellen, Majoritäts-Anmassungen zu respektiren und natürlich auch zu schützen und zwar, weil ein anderer Schutz illusorisch wäre, durch Executiv-Beamte, die Minoritäten vor allzu grober Majoritäts-Unterdrückung durch Protektoren zu beglücken, wie überhaupt „das morsche Ding, den Staat", wenn auch vielleicht unter einem anderen Namen (etwa als „Legislativ-Majorismus" oder als „Zwangs-Solidarität" oder als „Universal-Autorität" u. s. w.) durch ein Hinterpförtchen wieder einzuschmuggeln.

Begeht die Menschheit diesen dummen Streich, dann liegt es nur zu nahe, dass die Ehrgeizigsten alsbald in der Lage sein werden, ihre Auszeichnung in der Politik zu suchen und den Lohn dafür in einem Exekutivposten zu erblicken.

Eine *derartige* Befriedigung des menschlichen Ehrgeizes erweckt aber *Herrschsucht*, und diese steigert sich mit jeder Gelegenheit, die hiezu gegeben oder gelassen wird. Ein Jeder, dem ein Stück Macht übertragen wird, ist geneigt, dieselbe im Interesse seiner Herrschsucht zu missbrauchen. Der Missbrauch einer Vollmacht ist förmlich in Letzterer selbst enthalten.

Beamte irgend welcher Art: Gesetzes-Vollstrecker, Majoritäts-Exekutoren, Minoritäts-Protektoren und wie diese Autoritätsgötzen sonst noch heissen möchten, werden ausserdem noch durch ihre speziellen Interessen (Wahrung und Förderung ihres politischen Ehrgeizes, resp. ihrer Herrschsucht) dazu gedrängt, sich fest aneinander zu klammern, „Ringe" zu bilden und kein Mittel unangewendet zu lassen, das geeignet sein könnte, ihnen die einmal ergatterten Posten zu sichern, d. h. den Kitzel ihrer Herrschsucht zu befriedigen. Von da bis zur Etablirung einer neuen Herrschafts-Bande oder Verwaltungs-Aristokratie oder, was in einer kommunistischen Gesellschaft wohl am passendsten klingen möchte, einer Exekutiv-Demagogie, würde wohl nur noch ein kurzer Schritt sein.

Wer im Kleinen einen Vorgeschmack in dieser Beziehung erlangen will, der braucht nur das *Partei*-Beamtenwesen zu studiren — insbesondere das der deutschen Sozialdemokratie.

Glücklicherweise aber *braucht* die Menschheit der Zukunft solche Einrichtungen mit derartigen Konsequenzen nicht zu schaffen. Denn selbst auf demjenigen Gebiete, wo man nicht umhin können wird, ab und zu behufs Regelung verschiedener Angelegenheiten Einzelne mit Aufträgen zu versehen, nämlich auf dem Gebiete der Produktion und Konsumtion, ist ein *ständiges* Bevollmächtigtenthum durchaus nicht nöthig.

Erstlich wird auch in dieser Hinsicht eine sehr weitgehende Arbeitstheilung es mit sich bringen, dass in keinem Falle der Auftrag, den man Einem ertheilt, besonders ausgedehnter Natur ist; zweitens wird man solche Aufträge nicht auf bestimmte oder unbestimmte Zeit, sondern nur behufs Erledigung einer ganz bestimmten Sache geben; und drittens ermöglicht es der durchschnittliche Bildungsgrad der künftigen Menschheit, dass beständig mit solchen Bevollmächtigten gewechselt werden kann, so dass eigentlich *alle* Glieder der verschiedenen Organisationen, welche einige ihrer Geschäfte durch Bevollmächtigte verrichten lassen müssen, der Reihe nach hierzu bestimmt werden können.

Eine *derartige* Ausübung von Auftrags-Thätigkeiten schliesst jegliche Autorität oder Macht und mithin auch einen Machtmissbrauch aus. Und *politische* Aemter braucht es, wie gesagt, in einer *freien* Gesellschaft nicht zu geben.

Die Sphären, in denen Raum für den Ehrgeiz gegeben ist, werden wesentlich die der Kunst, Wissenschaft und Literatur, sowie die neuer Erfindungen und Entdeckungen sein. Aber auch im gewöhnlichen gewerblichen Leben, auf dem Gebiete der Geselligkeit u. s. w., wird unter freien und gleichen Menschen ein stetiger Wetteifer, sich über die Alltäglichkeit der Durchschnittsleistung aufzuschwingen, einen hohen Reiz des Lebens bilden.

Der veredelte Ehrgeiz, weit entfernt, zur Herrschsucht auszuarten, wird die nimmer rastende Triebfeder menschlicher Entwickelung sein und bleiben.

Anhang zur 3. Auflage.

Alle ernsthaften Sozialisten sind sich darin einig, dass die heutige Gesellschaft nicht *reformirt* werden kann, sondern durch eine *andere*, von der jetzigen wesentlich verschiedene, ersetzt werden *muss*, wenn die Menschheit endlich ihres Lebens froh werden will. Alle Jene, welche diese Ansicht hegen, wissen auch, dass eine solche soziale Reorganisation nur auf dem Wege einer *gewaltsamen* und internationalen Revolution von statten gehen kann.

Und so weit die sozialistischen Revolutionäre nicht mehr unter dem Banne der alten (liberalen oder demokratischen) Schule des Vorurtheils stehen, was glücklicher Weise nur noch bei wenigen literarisch verhunzten Geistern der Fall ist, existirt auch darüber kein Streit mehr, dass die Revolution nicht nur den *vorhandenen* Staat zu zertrümmern, sondern auch dafür zu sorgen hat, dass überhaupt kein Staat mehr existiren kann.

Aus dieser letzteren Ueberzeugung ergiebt sich für den logisch Denkenden ganz von selbst, dass alle Organisationen der künftigen Gesellschaft auf dem denkbar weitgehendsten *Föderalismus* basirt sein müssen. Derjenige, welcher all' Dieses begriffen hat, ist ein *Anarchist* (Nichtherrschaftler — Feind aller Herrschaft), wobei es gar nicht darauf ankommt, ob er sich mit dem *Worte* befreunden will oder nicht; denn im letzteren Falle beweist der Betreffende höchstens, dass er vom Herkommens-Schlendrian in Formalitäts-Sachen noch ein wenig beeinflusst wird.

Kurzum — in der Hauptsache sind sich *alle* Sozialisten, denen die Sache ernstlich am Herzen liegt, *einig;* sie sind — bewusst oder unbewusst — *revolutionäre Anarchisten.*

Was nun aber die „Ideale" anbetrifft, welche sich diese Revolutionäre hinsichtlich der Gestaltung einer anarchistischen Gesellschaft, insbesondere betreffs der Einzelnheiten einer solchen, machen mögen, so ist es selbstverständlich, dass in dieser Beziehung den *verschiedenartigsten* Spekulationen Thür und Thor offen stehen. Von der nüchternsten Realphilosophie, welche ihre Folgerungen aus dem gegebenen Stande der Kultur und der Beschaffenheit des verfügbaren Menschenmaterials schöpft, die *unmittelbar möglichen* sozialen Gestaltungen skizzirt und die weitere Entwickelung der Dinge den späteren Geschlechtern überlässt, bis zu den überschwenglichsten Utopistereien, die im Fluge nach vermeintlicher unübertrefflicher Vollkommenheit der Menschenwelt vielleicht geneigt werden, wenig darnach zu fragen: ob das „Ideal" in die Luft gebaut wird, oder ob da noch ein fester Untergrund für solche Architektur übrig bleibt, — ist ein weiter Spielraum, der tausend Hypothesen möglich macht.

Wir sprechen Niemandem die Berechtigung ab, in dieser Hinsicht so weit zu gehen, als er Lust dazu empfindet; auch hat natürlich Jeder ein Recht, seine diesbezüglichen Meinungen zu verbreiten und Anderen mundgerecht zu machen.

Aber wir hegen die Ansicht, dass man der anarchistischen Sache einen umso schlechteren Dienst erweist, je mehr man seine Phantasien mit gegebenen Thatsachen verwechselt, und dass man für den Anarchismus am leichtesten Anhänger gewinnt, wenn man bei Betrachtungen über die noch zu errichtende freie Gesellschaft alle Phantastereien vermeidet und mit Illustrationen argumentirt, welche sich als greifbar erweisen und daher für die Hirne unserer Generation eindrücklich sind. Aus diesem Grunde haben wir uns bei unserer Abhandlung über die freie Gesellschaft bemüht, uns keiner Utopisterei hinzugeben und Realphilosophie (Folgerung aus wirklich Gegebenem) zu treiben.

Einige unserer Freunde sind damit ganz und gar nicht zufrieden, und wenn wir die diesbezüglichen Zuschriften (res. Broschüren-Manuskripte) alle drucken wollten, wie gewünscht wird, so könnten wir gerade ein halbes Jahr lang mehr als *ein* Wochenblatt damit vollkommen füllen.

An und für sich war uns die Lektüre, welche uns so gegeben worden, eine sehr anregende, jedoch hat sie uns nur in unseren bisherigen Ansichten und Ueberzeugungen *bestärkt.* Alles Wesentliche, was sich als kurzer Sinn der langen Rede ergiebt, soll auch unseren Lesern zur gefälligen Reflexion vorgeführt, aber natürlich auch kritisirt werden. Vor Allem aber müssen wir Diejenigen, welche ihre speziellen Utopistereien kathegorisch als die *allein massgebenden* der übrigen Menschheit förmlich *oktroiren* wollen, darauf aufmerksam machen, dass ein derartigesBeginnen im höchsten Grade *autoritär* und *nichts weniger* als anarchistisch ist, mithin in unseren Reihen, wenn in solcher Form vorgetragen, prinzipwidrig erscheinen muss.

Sogar die alte (autoritäre Marxistische) Internationale hat auf allen ihren Kongressen den Grundsatz festgehalten, dass in theoretischen oder die künftigeGesellschaft betreffenden Fragen wohl diskutirt, aber nicht abgestimmt werden kann. Damit war die Ungeheuerlichkeit, irgend eine diesbezügliche Doktrin als bindend und massgebend bezeichnen zu wollen, als solche anerkannt und zurückgewiesen worden.

Wir Anti-Autoritären haben wahrlich keine Veranlassung, es in dieser Hinsicht anders zu halten.

Auch die Abhandlung, welche wir über die freie Gesellschaft geschrieben haben, bewegte sich *ausserhalb* des Rahmens der aufdringlichen Projektenmacherei, indem darin beständig nur von Möglichem, von Wahrscheinlichkeiten, von Naheliegendem u. s. w. die Rede ist und fast in allen wesentlichen Punkten sogar ausdrücklich darauf hingewiesen wurde, dass und wieso die Dinge unter diesen oder jenen Voraussetzungen sich so oder so, oder auch anders entwickeln *können*.

Hätten wir ein umgekehrtes Verfahren beobachtet; würden wir einfach proklamirt haben: so und so *muss* es in dieser oder jener Richtung in der freien Gesellschaft gehalten werden, dann wären wir mit Recht zu tadeln — so aber nicht.

Anknüpfend an Marx' „Werththeorie“ haben wir in der „Freien Gesellschaft“ die Ansicht ausgesprochen, dass man in der nachrevolutionären Epoche den Werth der Dinge nach der bei Erzeugung derselben durchschnittlich und normal (d. h. mit den jeweilig besten technischen, chemischen und kombinirenden Hülfskräften) aufgewendeten Arbeitszeit berechnen werde. Auch kamen wir zu der Vermuthung, dass ein dementsprechendes Tauschmittel (Quittung über arbeitend zugebrachte Zeit) zur Vermittelung der Produkten-Zirkulation und insbesondere zur Ermöglichung und Erleichterung der individuellen Konsumtion beliebt werden dürfte. Den meisten unserer Genossen und sonstigen Lesern leuchtete das vollkommen ein; Einige hingegen sind ob solcher „Irrthümer", wie sie diese unsere Meinung nannten, gerade, als ob sie gewisse Dogmen hinsichtlich der verwirklichten Anarchie in der Tasche führten, äusserst gereizt geworden und haben uns wegen solcher „Ketzerei" fürchterlich die Leviten gelesen. Merkwürdig dabei ist die extreme *Verschiedenheit* von der Auffassung der betr. Dinge, wie wir sie aus dem Munde unserer Kritiker vernehmen mussten.

Die Einen — nämlich Solche, welche sich schmeicheln, frei nach *Proudhon* Anarchie zu predigen und daher wahrhaft *orthodoxe* Anarchisten zu sein — wollen weder von Abschaffung des Geldes an sich, noch von einer Werthmessung nach Arbeitszeit etwas wissen. Diese Leute stellen sich einfach auf den Standpunkt der freien Konkurrenz, welcher sie die Findung der Produkten-Werthe (ganz nach der Art der *heutigen* Preisbestimmungen unter stetigem Auf- und Niederschwanken der Marktsätze) überlassen. Ferner wollen diese Art Anarchisten überhaupt keine Gleichheit hinsichtlich der Leistung und des Einkommens der Individuen, sondern reklamiren sogar für das Talent, Genie u. s. w. Extra-Prämien, insofern sie nie zugeben wollen, dass z. B. eine Stunde Freskomalerei nicht mehr werth sein solle, als eine Stunde Kohlengraben. Schon aus diesem Grunde verwerfen sie die Zeit als zulässigen Werthmesser.

Wir gestehen: uns ist *solch'* ein Anarchismus vorläufig noch ein Räthsel und riecht uns viel zu sehr nach Bürgerei und Manchesterthum, als dass wir darüber mehr, als das soeben Gesagte, anführen möchten.

Eine andere Gruppirung von Anarchisten nimmt genau den entgegengesetzten Standpunkt ein. Die alte Formel der St. Simonisten, welche bekanntlich zu den *Utopisten*, nicht aber zu den Anarchisten gehörten, ist ihr Grundprinzip. Dieses Dogma lautet:

„Jeder nach seinen Fähigkeiten. Jedem nach seinen Bedürfnissen."

Der Unterschied zwischen diesen (angeblichen) Anarchisten und den St. Simonisten besteht nur darin, dass die Letzteren, um ihren Grundsatz zu praktiziren, an die Errichtung einer komplizirten Weltfamilie mit theokratischem Vaterschaftswesen, also an eine rein autoritär gegliederte Kasernirung der Menschheit dachten, während erwähnte Anarchisten (?) einfach voraussetzen, dass der von ihnen erdachte Gesellschaftszustand irgend einer Organisationsform überhaupt nicht bedarf.

Von den vorhandenen Genussmitteln nimmt sich einfach Jeder, was er will, wornach er ein Bedürfniss empfindet. Eine Verpflichtung, welche dieses unbeschränkte Genussrecht voraussetzt, soll durchaus nicht existiren. Das wäre „Beschränkung der individuellen Freiheit!" — Dagegen wird angenommen, dass im Hinblick auf eine so liebenswürdige Gesellschaft, die dem Einzelnen *jeden* Genuss gewährt, ohne eine Gegenleistung zu verlangen, Jeder schon den moralischen Drang in sich verspüren werde, nach bestem Wissen und Können sich nützlich thätig zu erweisen.

Vielleicht — vielleicht — *vielleicht auch nicht!!*

Die Idee — eben als *Idee*, d. h. als ein philosophisches Gebilde, ohne jede Rücksicht auf deren Praktikabilität oder auch nur auf deren Propagandirbarkeit, ist gewiss hübsch, aber — wer grinst da? Es ist Mephisto, der Menschenkenner; dem kommt die Sache etwas *komisch* vor — *uns auch!* — Und wir bleiben dabei, dass das von uns verfochtene System praktisch, gerecht und, was die Hauptsache ist, mit dem vorhandenen Material an Menschen und Sachen sofort *realisirbar* ist.

Das zuvor skizzirte System ist das überschwenglichste Utopien, von welchem wir je gehört. Es ist ein Luftschloss; und es will uns gar nicht in den Schädel, wieso irgend ein **Anarchist** dazu kommen kann, an die Verwirklichung solcher Phantasiegebilde, die ganz direkt dem uralten utopistischen (Kindskopf-)Kommunismus entlehnt sind, zu denken.

Wir dächten, wenn erst ein System gegeben wäre, wobei alle Arbeitsfähigen verpflichtet sein würden, thätig zu sein, wenn sie geniessen wollen, und wo eine geleistete Arbeitsstunde einerseits *Pflicht*einheit und andererseits Werthmaass wäre, könnte die Menschheit einstweilen zufrieden sein.

Wem das nicht ohne Weiteres einleuchtet, für den heben wir noch Folgendes hervor:

1. Die Arbeit ist zum ersten Male in der Welt *gleichheitlich* geworden, indem sie stundenweise und nicht nach Stück, Talent, Qualität u.s.w. geschätzt wird.

2. Wenn kein Arbeitsfähiger ohne Quittung über geleistete Arbeit Anrecht auf Genuss hat, ist die tägliche Arbeitszeit sicherlich auf ein so geringfügiges Minimum reduzirt, dass Keiner sich beschwert fühlen kann, eine solche geringfügige Verpflichtung zu erfüllen.

3. Aus diesem nämlichen Grunde versteht es sich auch ganz von selbst, dass Jeder leicht im Stande ist, sich durch Arbeitsleistung das Anrecht auf die Befriedigung eines jeden Bedürfnisses zu erwerben.

Was wird mehr verlangt?

Dabei darf man ausserdem nicht vergessen, dass ja in der künftigen Gesellschaft, wie wir ebenfalls in unserer Abhandlung angedeutet haben, natürgemäss immer grossartigere Konsumtionsgemeinschaften sich bilden werden, *innerhalb* welchen allerdings der Einzelne ganz nach Belieben geniessen wird.

Hiermit glauben wir Denjenigen, welche den Beruf in sich fühlten, an unsere rein praktischen und unaufdringlichen Erörterungen den Massstab der Silbenstecherei zu legen, bewiesen zu haben, dass sie ohne Noth den Anarchismus in Gefahr gerathen glaubten, und dass ihre Schlüsse aus falschen Voraussetzungen gezogen wurden.

Zeitfracht Medien GmbH
Ferdinand-Jühlke-Straße 7
99095 Erfurt, Deutschland
produktsicherheit@kolibri360.de